シリーズ「遺跡を学ぶ」

125

徳島の土製仮面と巨大銅鐸のムラ

矢野遺跡

氏家敏之

新泉社

徳島の土製仮面と巨大銅鐸のムラ
—矢野遺跡—

氏家敏之

【目次】

第1章　二つの発見

1　巨大銅鐸の発見

地中から顔を出したもの

「矢野《やの》を掘ったら、きっとええもんが出るぞ！」

職場で話をしているとき、調査の話題でこんな軽口をたびたび聞かされた。その年の春から徳島へはじめてやってきたばかりの私には、「それだけこの遺跡の発掘調査は期待されているのだろうな」という程度に軽く考えていただけで、その言葉の意味が十分には理解できていなかったのだ。

そんな半年以上前の会話をふと思い出してしまった私の手のひらの上には、鮮やかな緑青色の小さな破片が数点載せられていた。

「こんなものが出てきたんやけど、先生なんやろうか？」

それは土の掘削をおこなっていた作業員の一人が、私のところへともってきたものだった。受けとった破片の表面を確認すると同時に、あわてて思わず大声を上げて同僚をよぶと、それが出てきた場所へと駆け寄った。わずかに顔を出した緑青色の物体は、まっすぐに地中に向かってつづいているのがわかり、そこに埋もれている物が小さな破片としてではなく、一つの大きな塊として残されていることは明らかだった（図1）。

ただちに現場内の作業を中断すると、土の掘削をしていた全員を集めて、周囲の土のなかから発見された物の破片の残りの回収作業をおこなうように指示し、私は電話で職場に報告をおこなうために走って事務所へと戻った。雲間から時おり薄日がさして、北風が冷たく感じられた一九九二年一二月一八日の金曜日の午後だった。

「青銅器、銅鐸が出ました！　冗談じゃなくて本当です！」

興奮状態もそのままに報告を終えて、受話器をおいたころには週末気分もすっかり吹き飛んでしまっていた。

それから後は年末年始の休みもほぼ返上状態で調査をおこなうことになり、この発見について報道機関への発

図1 ● 銅鐸発見時の様子
最初に土の中から露出していたのは銅鐸下部の裾に近い鰭（ひれ）の部分だった。

表をようやくおこなうことができたのは、忘れもしない皇太子ご婚約内定の報に日本国内がわき立っていた一九九三年一月七日のことであった。

銅鐸の埋められた坑《あな》

まず最初に確認したことは、この青銅器が何であるのか、そしてどのような状態で埋まっているのかという点である。青銅器の上をおおっていた掘削時に出た土をきれいにとり除いていくと、垂直に立った状態の鰭《ひれ》の部分を確認することができた。また顔を出した鰭の側面には数条の突線が描かれており、土に埋もれた奥のほうには飾耳と呼ばれる半円形の膨らみがみえたことから、銅鐸であることは疑う余地がなかった。その後、周囲をていねいに精査しながら銅鐸が埋まっている掘り込みの穴の形状を検出していくと、土の色の違いなどから長さが一・三七メートル、幅が〇・六一メートルの隅丸長方形という整った形の坑であることが確認できた。弥生時代の人の手によって埋められた宝物、まさしく銅鐸埋納坑の発見である（図2）。

矢野遺跡出土の銅鐸が注目されたわけ

これまで全国から出土した銅鐸の数は、約五〇〇口が確認されている。数ある銅鐸のなかで矢野遺跡から出土した銅鐸が注目を集めたわけは、その発見に際していくつもの幸運な条件が重なっていたことで、銅鐸研究の進展に寄与することが期待されたためであった。

集落内から出土した

銅鐸は、謎の多い青銅器と長い間いわれつづけてきた。その理由の一つは発見される場所にある。多くの銅鐸が人里から少しはずれた山あいなどから、開墾や土砂の採取中などに偶然に発見されており、いつどこに暮らしていた人たちが埋めたものなのかについても不明な点が多い。そのため発掘調査中に発見され、銅鐸の埋められた状態がくわしく調査された事例はわずか十数例しかない。

矢野銅鐸の場合は、出土した場所から北へわずか一〇メートルほどの距離に弥生時代の竪穴住居が発見されており、その後におこなわれた地下レーダー探査の結果をあわせると、合計四軒の竪穴住居が銅鐸の周辺に存在していることが判明した。矢野遺跡から出土した銅鐸は、人びとが生活する空間の一角に埋められていたのである。

容器に収めて埋められた　これまでに調査されてきた事例から銅鐸の埋納方法について判明した共通点は、いずれも鰭を上下に立てて横倒しにした状態で坑のなかに埋められているものが多く、矢野遺跡から出土した銅鐸も同様の方法によって埋められていた（**図3**）。

また銅鐸埋納坑の内部を慎重に掘り下げていくと、鰭がのびている方向に沿うように黒褐色と暗褐色の二

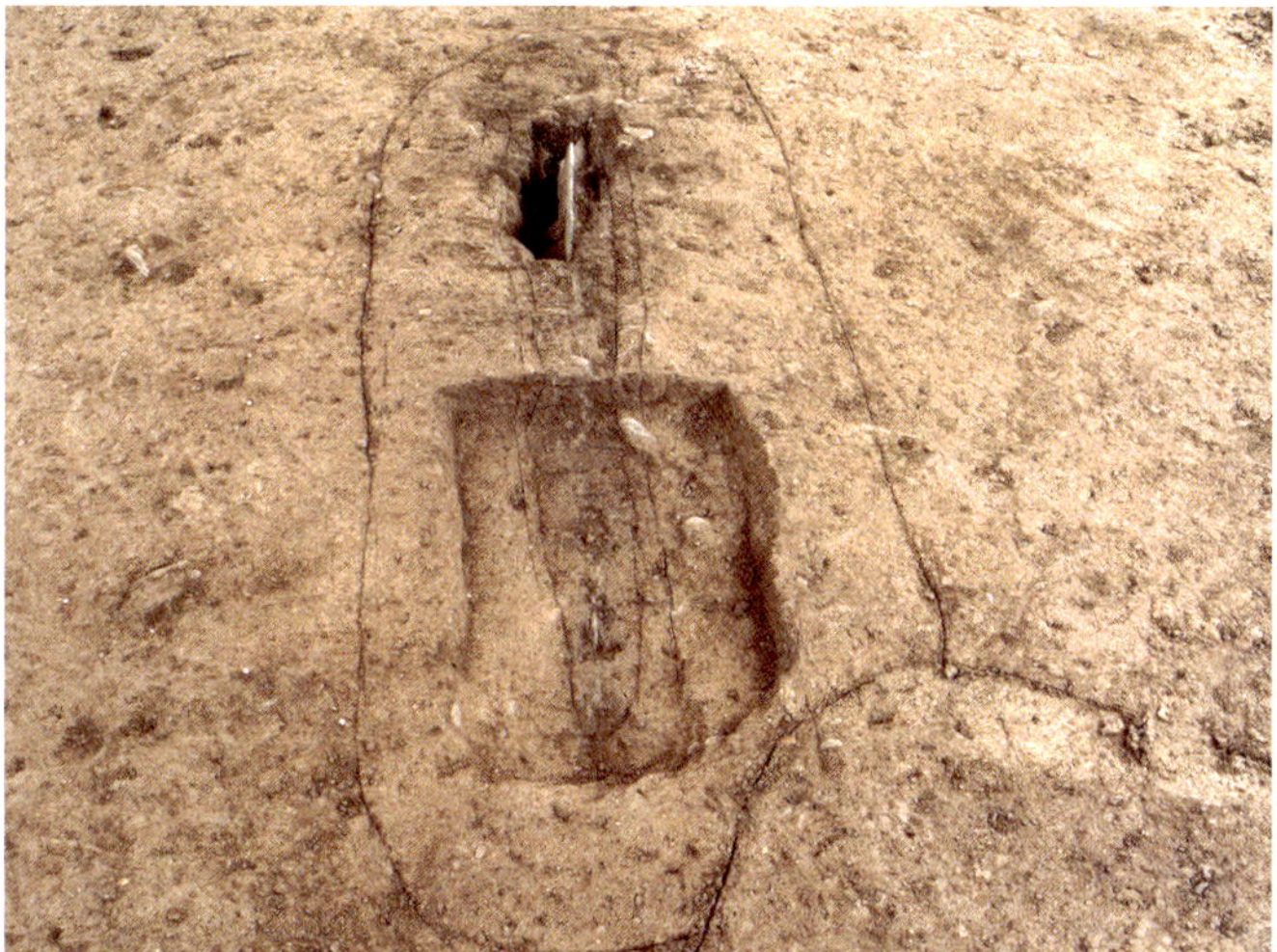

図2 ● **銅鐸埋納坑の検出状況**
銅鐸の鰭に沿った土の色が周囲の土の色よりもやや濃い色をしている。
また埋納坑の北西隅の部分は他の土坑によって一部が壊されていた。

色の砂質土が存在しており、その断面を観察してみると、銅鐸の周りを二重にとり巻くように堆積していた。二色の土は銅鐸の周囲をほぼ均一におおうように存在していたことになり、土壌分析の結果からも有機炭素含有量が外側の土とくらべて高いことなどから、木製の容器に収められて埋められていたことがわかった（図4）。

埋納時期の推定が可能　銅鐸の調査においてもう一つの謎とされるのは、埋納された時期の問題である。矢野銅鐸の場合は、集落内に埋められていたことが幸いした。小さな破片ではあるが、当時の人びとが使用していた弥生土器が銅鐸を埋めた土のなかからいっしょに出土したのである。この土器片の形状から推定される年代は弥生時代後期後半であることから、矢野遺跡の集落の存続期間から推定できる矢野銅鐸の埋納は、弥生時代後期後半～終末期にかけての出来事であると判明した。

図3 ● 姿をあらわした銅鐸
銅鐸は鰭をほぼ垂直に立てた状態で安置されていた。

巨大銅鐸とその謎の解明に向けて

出土した銅鐸は突線鈕《とっせんちゅう》5式（近畿Ⅳ式）に分類されるものであり、高さは約九七・八センチ、幅が約四四・八センチ、重さは約一七・五キロである（図5）。これだけの大きさにもかかわらず、厚みはわずか二・八ミリしかなく、鋳造の時にできる鬆《す》がほとんどみられない良好な鋳上がりの銅鐸である。銅鐸の本体にあたる身の部分は、突線とよばれる太い三本の縦横方向の直線によって六つに大きく区画されており、そのなかに描かれた斜格子文《しゃこうしもん》の帯の模様が僧侶のつける袈裟《けさ》に似ていることから、六区《ろっく》袈裟《けさ》襷文《だすきもん》銅鐸とよばれることもある。また鈕《ちゅう》の部分に三カ所、鰭の部分には三対の飾耳がついている。

矢野遺跡から出土した銅鐸は、もっとも新しいタイプに含まれるものであり、発掘調査によって出土した銅鐸としてはサイズがもっとも巨大なもの

図4●銅鐸のまわりをおおう土の様子
銅鐸全体が黒っぽい土でまわりをおおわれていた。埋納坑内の土は小石がわずかに混じる程度で、周囲の地山の土にくらべるときめが細かい。

図5 ● 矢野遺跡から出土した銅鐸
発見時の破損部を除くと完全な形で出土した。A面右鰭に緑青や砂粒の付着が多いのは、埋納坑の下底部分に砂層が露出していたためである。

である。

一九九二年度の発掘調査では、巨大銅鐸の発見という大きな成果をあげることができた。しかし、しばらくして発見の興奮がおさまってくると、今後の矢野遺跡はどのような姿を私たちに見せてくれるのだろうかという期待へと関心は移っていった。なぜならこの銅鐸の発見は、その後に七年近く継続しておこなわれた発掘調査の最初の年の出来事であり、矢野遺跡の本格的な解明に向けた調査の初めの一歩に過ぎなかったからである。

2　土製仮面の発見

あらわれた顔

巨大銅鐸の発見だけでも私たちを驚かせたが、矢野遺跡では、もう一つの発見があった。五年目となった一九九六年度の発掘調査も無事終わり、その年の調査成果のとりまとめをはじめた三月のころのことである。土器や石器がまとまって出土した地点の洗浄作業をおこなっていると、奇妙な形をした赤い焼き物が目に留まった。それは表面全体にブツブツとした穴だらけの模様とはよべないような、不思議な文様のある、凸凹とした立体的な形をした三センチほどの小さな破片であった。文様もそうであったが、とくに気になったのは一部に大きな穴のあいたような痕跡がみられることである。

「はて？　少し変わった形の土器の装飾か、把手《とって》の部分かな……」などと考えながら、いっしょに洗浄作業を進めていた職員たちにも声をかけて、似たような模様のついた破片を探してもらうことにした。最初の一点がみつかったのと同じ地点の土器の入ったビニール袋を片っ端から広げて、探すことおよそ一時間。出てきた破片は八点のみであったが、それでもほぼ全体の形状が復元できそうである。パーツを接合していくと、そこにあらわれたのはなんともユーモラスな人の顔、土製仮面であった（図6）。この土製仮面の時期は、いっしょに出土した土器（後期の中津式古段階）の年代から縄文時代後期初頭に位置づけられる。

復元された仮面

破片を組み合わせることであらわれたのは大きさが縦一五・八センチ、横一六・八センチの土製仮面であった。平面の形状はほぼ円形であるが、左側の頰《ほお》にあたる側縁部分が少し外へと引きの

図6 ● 矢野遺跡出土の土製仮面
目と口は丸い孔が開いただけのシンプルな表現である。表面に点状の模様があまり残っていない部分は、鼻と左側の眉にあたる部分で、隆起が欠けてしまっている。

ばされたようにわずかに膨らみぎみになっている。顔の表面全体には、細い棒状の工具を使って無数の穴（刺突文）が施されており、裏面は指ナデによってなめらかに仕上げられている。横方向から見た形は平坦で厚さがおよそ一〇ミリと、まるで粘土で作られた板であるが、ちょうど眉と鼻に位置したところには全体に粘土が帯状に貼りつけられており、隆起した形状であったとみられる。また顔のなかの重要なパーツである目と口の部分は、ともに丸い孔が貫通しており、目の部分の径は約二センチの円形、口の部分はやや大きめで最大二・八センチの横長の楕円形になっている。

着目すべきは目の孔がつくられた位置関係である。左右の目と目の間の間隔は二・八センチ。これは人の両眼間の内幅の距離とほぼ一致しており、この仮面をとおして人が「覗《のぞ》く」という行為が可能である。つまりこの仮面は飾られるためにつくられたものではなく、実用的な機能を満たした形状をしていたと考えられるのである。

土製仮面とは

土製仮面とは、文字どおり人の顔の形につくられた粘土を素材としたお面である。仮面の材質には粘土以外にも、地域によっては貝殻が使われ、木や動物の皮なども利用されていたのではないかと考えられている。人の形状を模した縄文時代の造形品としては、土偶が有名である。しかし土偶は、これまで全国で何万点と大量に出土しているのに対して、土製仮面はわずか一〇〇点ほどしか発見されていない。そのため土製仮面は個人が保有したものではなく、集落や地域集団によって管理されていた神聖な道具であったと考えられている。

　これまでに出土している土製仮面は、磯前順一により「目・口孔の有無／大きさ（大型・小型）／断面の形状（湾曲・平板）／紐孔の有無」から大きく八つの種類に分類されており、矢野遺跡の例は「目・口の孔が有り、大型、平板、紐孔の存在しないタイプ」に分類される。土製仮面の使用の方法として

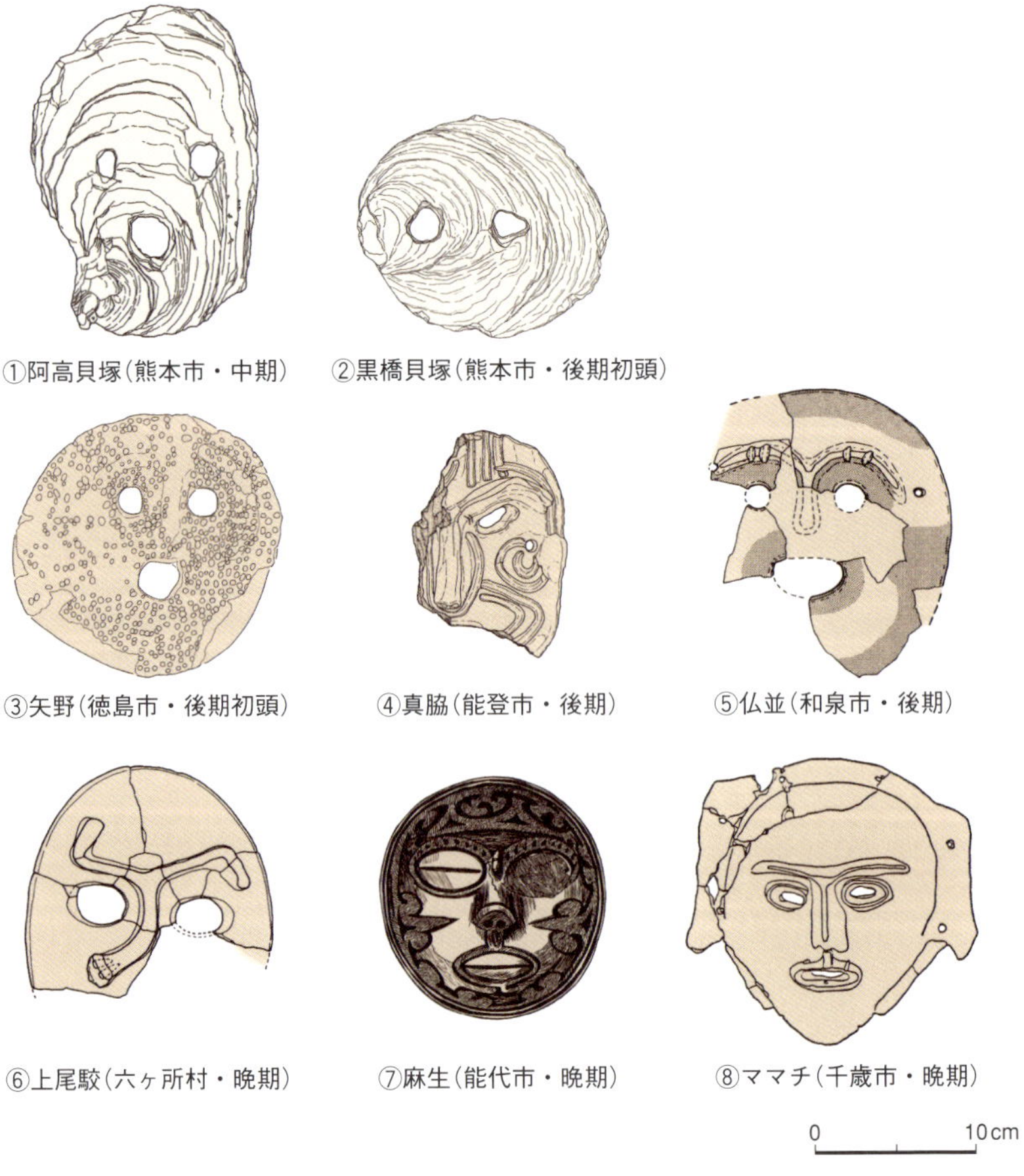

図7 ● さまざまな表情の仮面

入れ墨のような模様が入れられた顔（真脇〈まわき〉）、表面に赤い色を塗った顔（仏並〈ぶつなみ〉）、表情がゆがんだ顔（上尾駮〈かみおぶち〉）、土偶のような顔（麻生〈あそう〉）など、時期や地域によってさまざまな仮面がつくられた。

は、顔に被《かぶ》って紐《ひも》で固定して使用したもの（被り面）、手にもって顔に当てた状態で使用したもの（当て面）、飾るためのもの（飾り面）などが推定されており、矢野遺跡の場合は当て面として使用されたと考えられる。また土製仮面の表情を見ていくと、とぼけたような顔、怒ったような顔、無表情な顔などさまざまな表情がつくられていることがわかる（図7）。

仮面の分布とその変遷

縄文時代において仮面が出現するのは、中期から後期初頭ころにかけてのことである。朝鮮半島南部や西北九州地方で使用されていた貝を加工した仮面（貝製仮面）が初現であると考えられている。その後、土製仮面がつくられるようになると、後期前葉ごろまでには瀬戸内、近畿地方から東北地方南部にまで広く分布するようになり、以降は晩期中ごろ

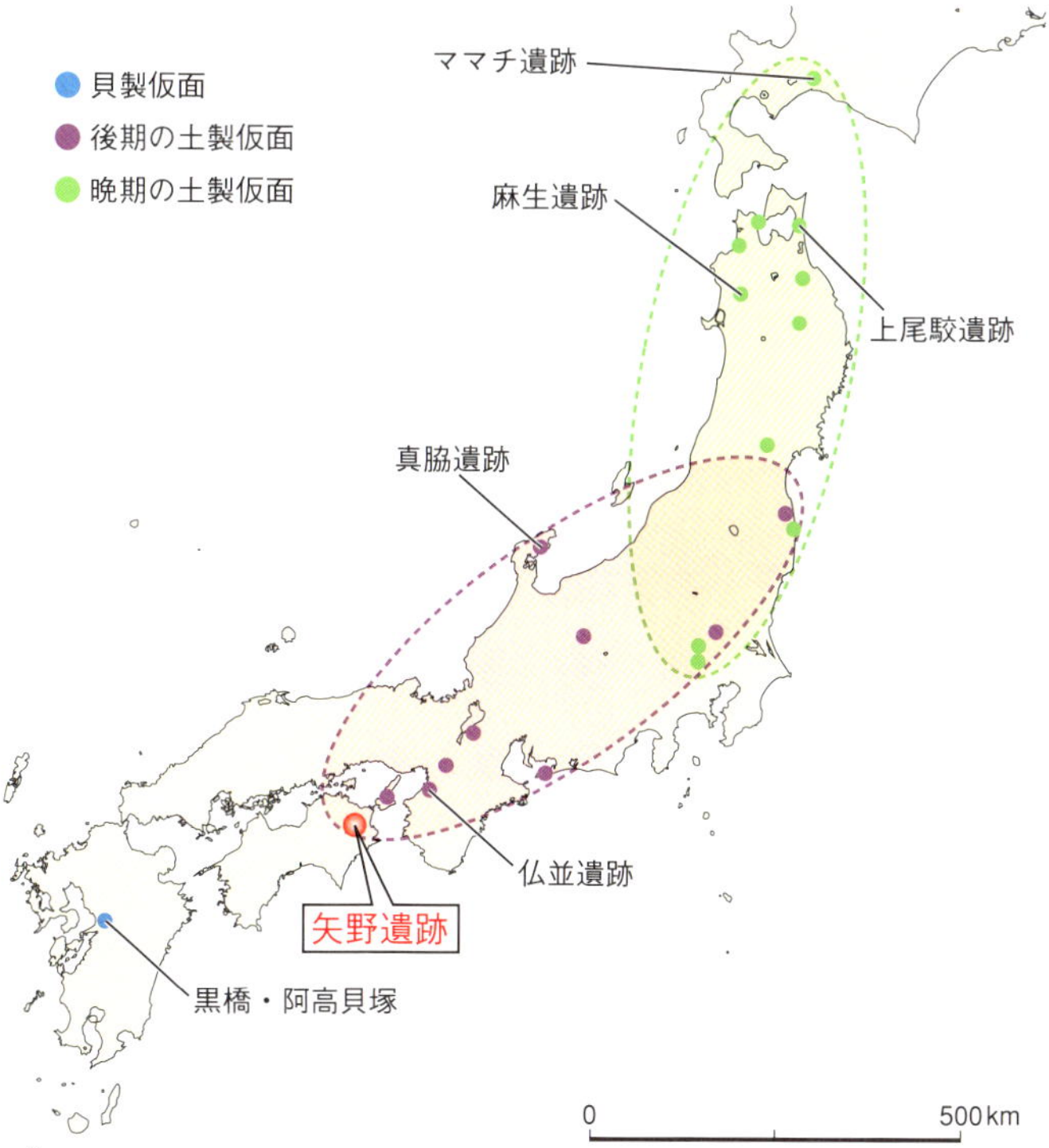

図8 ● 土製仮面の分布
もっとも古いとされる貝を素材とした仮面は九州地方でしか発見されていない。後期の土製仮面は近畿地方から関東地方にかけて発見されており、晩期に入ると製作・使用の分布の中心は東北地方に移っていく。

まで東北地方から北海道南部の地域を中心に分布しており、時期が下るとともに西日本から東日本へと使われる地域が移っていく（図8）。

矢野遺跡の例は、今のところもっとも西寄りの地域から出土した土製仮面であると同時に、縄文時代後期初頭に製作されたもっとも古い時期の土製仮面に位置づけられている。矢野遺跡の土製仮面は、他の遺跡から出土した例とくらべて、表面の文様も刺突文を施すだけとシンプルで類例がないことや、顔の形状が貝製仮面に似て左右対称ではなく、とりわけ仮面の出現期である中期の阿高《あだか》貝塚出土の貝製仮面の目と口の雰囲気が酷似している点などからも、日本列島において土製仮面の製作がはじまったころの様子を示した重要な資料といえるだろう。

最古級の仮面が出土した意味

土製仮面はその数の希少さから一般的な日常生活に使用する道具ではなく、宗教的な儀式に使われたと推定されている。だが「どのような場面で」、「誰によって」使用されたかについては、解明が進んではいない謎の多い道具である。つくられた面の形や表情もさまざまであり、人をモデルにしたのか、あるいは精霊のような想像上のものを表現しようとしたものなのかなど興味はつきない。しかし出土した土製仮面は私たちに対して、矢野遺跡に住んでいた縄文人が四国という島に暮らしながら、毎日を狩猟や植物採集に明け暮れて生活をしていただけの孤立した存在ではなく、列島各地の人びとと交流をおこないながら、仮面を使用した儀式をいちはやくとり入れていたことを教えてくれたのである。

第２章　徳島平野と矢野遺跡

１　川の流れと人の暮らし

徳島の街と川

矢野遺跡の調査について語る前に、まずは遺跡の立地と周辺の地形について説明しておくことにしたい。矢野遺跡のある徳島市は、徳島県の県庁所在地で徳島平野の中央を占める川に囲まれた街である。

一五八五年（天正一三年）、羽柴秀吉による四国征伐を経て阿波国を与えられた蜂須賀家政《はちすかいえまさ》により、現在の城山を中心として「徳島」と「寺島《てらしま》」とよばれる中州に徳島城が築かれて後、この地は阿波国の政治経済の中心へと変貌していく。城の周囲には寺島川、助任《すけとう》川、福島《ふくしま》川、新町《しんまち》川などの河川が分流し、それによって形成された出来《でき》島、瓢簞《ひょうたん》島、常三《じょうさん》島、福島、住吉《すみよし》島など多くの中州を利用して城下町がつくられたありさまは、まさしく「水の都」という言葉が似合っている。そして現在にいたるまで、この市街地を潤す豊かな水流は徳島平野の中央を流れる吉野川を源としている（図9）。

徳島平野と矢野遺跡

「四国三郎」の異称で古くから親しまれている吉野川は、高知県吾川《あがわ》郡いの町の瓶ヶ森《かめがもり》付近を源として四国山地の中央を東流し、やがて向きを北に変えた後に徳島県に入ると、再び東に向かって中央構造線に沿って、約七〇キロを流れて紀伊水道に注いでいる。全長は一九四キロ、流域面積は四国一を誇る大河で、徳島平野はその河口部の三角州にあたる県内最大の平野である。また下流付近には多くの支流が流れ込んでおり、たがいに分流や合流をしながら土砂の掘削と堆積をくり返して今にいたる地形をつくり出している。

今回の話の中心となる矢野遺跡の所在する徳島市国府《こくふ》町は、そうした徳島平野の西部の一角にあ

図9 ● 徳島平野と吉野川
南東方向からみた徳島平野の様子。中央を斜めに横切るように流れる吉野川。その南に連なる山は『万葉集』にも詠まれた眉山、その右側の小島のような丘陵は徳島城が築かれた城山である。

って、標高はおよそ一〇メートルの場所に位置している（図10）。

徳島平野に残された遺跡

それでは昔の人びとは、徳島平野のどのような場所に居を構えていたのだろうか。そのなかで矢野遺跡は、どのような場所に立地しているのだろうか。これまでに発見されている遺跡の分布状況から、その答えを探っていきたい（図11）。

旧石器時代の終わりころ（約一万三〇〇〇年前以前）までは、寒冷な気候により海水面が大きく低下していたため（最大のころは約一〇〇メートル程度）、吉野川の下流部にはまだ平野は存在せず、中央構造線の断層に沿った谷部に幾筋も川が流れていたと考えられる。そのころの旧石器時代人が残した遺跡は、吉野川から離れた高所の段丘の上から発見されている。

その後、縄文時代（約一万三〇〇〇〜二八〇〇年

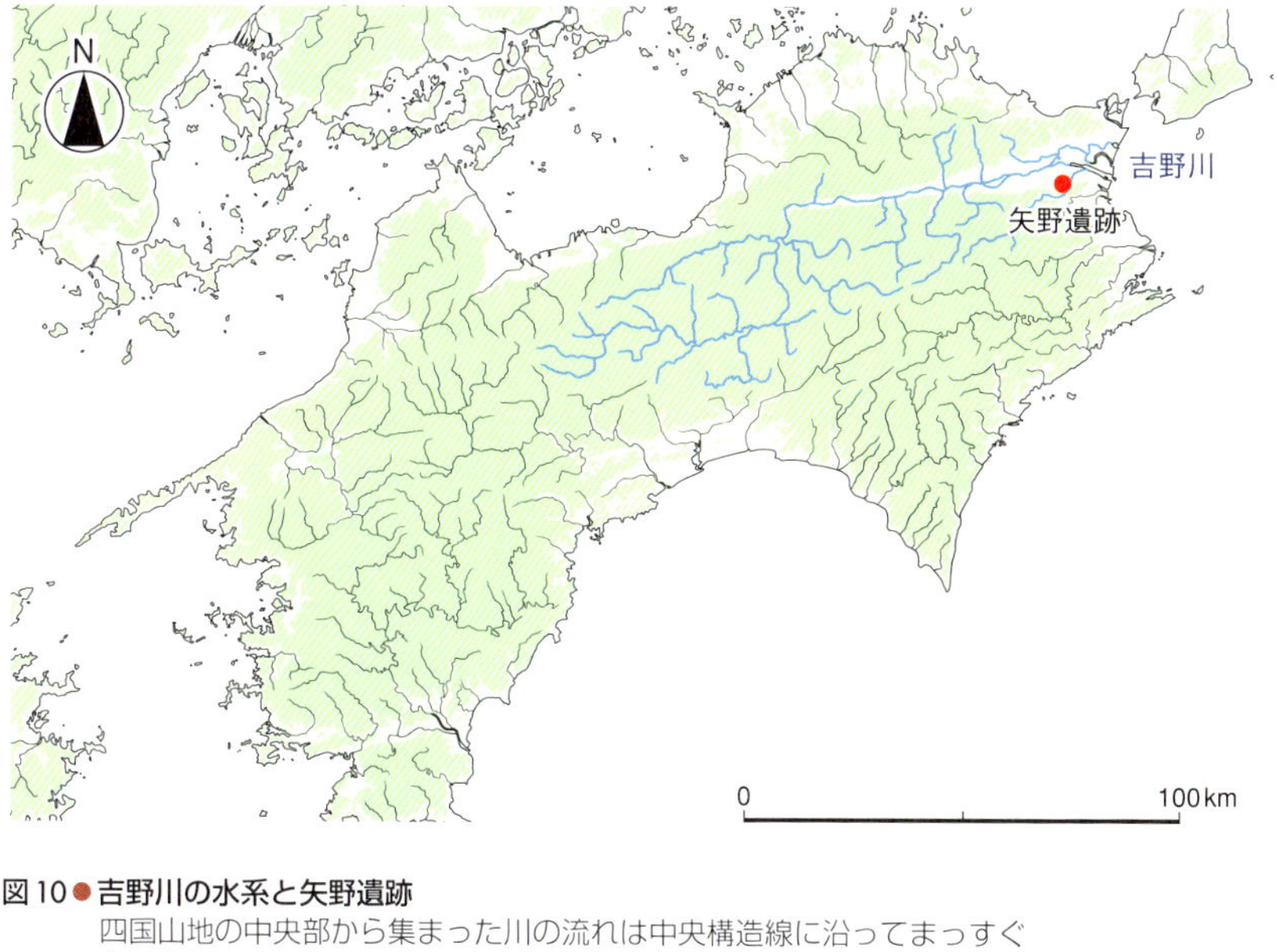

図10●吉野川の水系と矢野遺跡
四国山地の中央部から集まった川の流れは中央構造線に沿ってまっすぐ東に向かい、徳島平野をつくりながら紀伊水道に注いでいる。

前）になると、遺跡は吉野川北岸の讃岐《さぬき》山脈沿いや、南岸の気延山《きのべやま》や眉山《びざん》の裾部に近い平野部分において発見されるようになる。つづく弥生時代（約二八〇〇〜一八〇〇年前）には遺跡の数は増加しはじめ、吉野川の北岸では山の上の尾根筋などにも高地性集落が築かれる例もみられるのであるが、基本的には縄文時代と同様に徳島平野周辺の山裾に近い場所に遺跡は集中しており、吉野川の本流の流れている中央部周辺からは遺跡は発見されていない。こうした傾向は以後の古墳時代から飛鳥・奈良・平安時代においても同様であり、徳島平野の中央付近へと人が進出するようになるのは、鎌倉・室町時代以降になってからのことになる。

　このように遺跡の立地に偏りがみられる理由としては、吉野川が絶えず流れる場所を変えていたために、比較的標高が高くて水害の影響を受けにくい安全な場所に居を構えていたためであると考

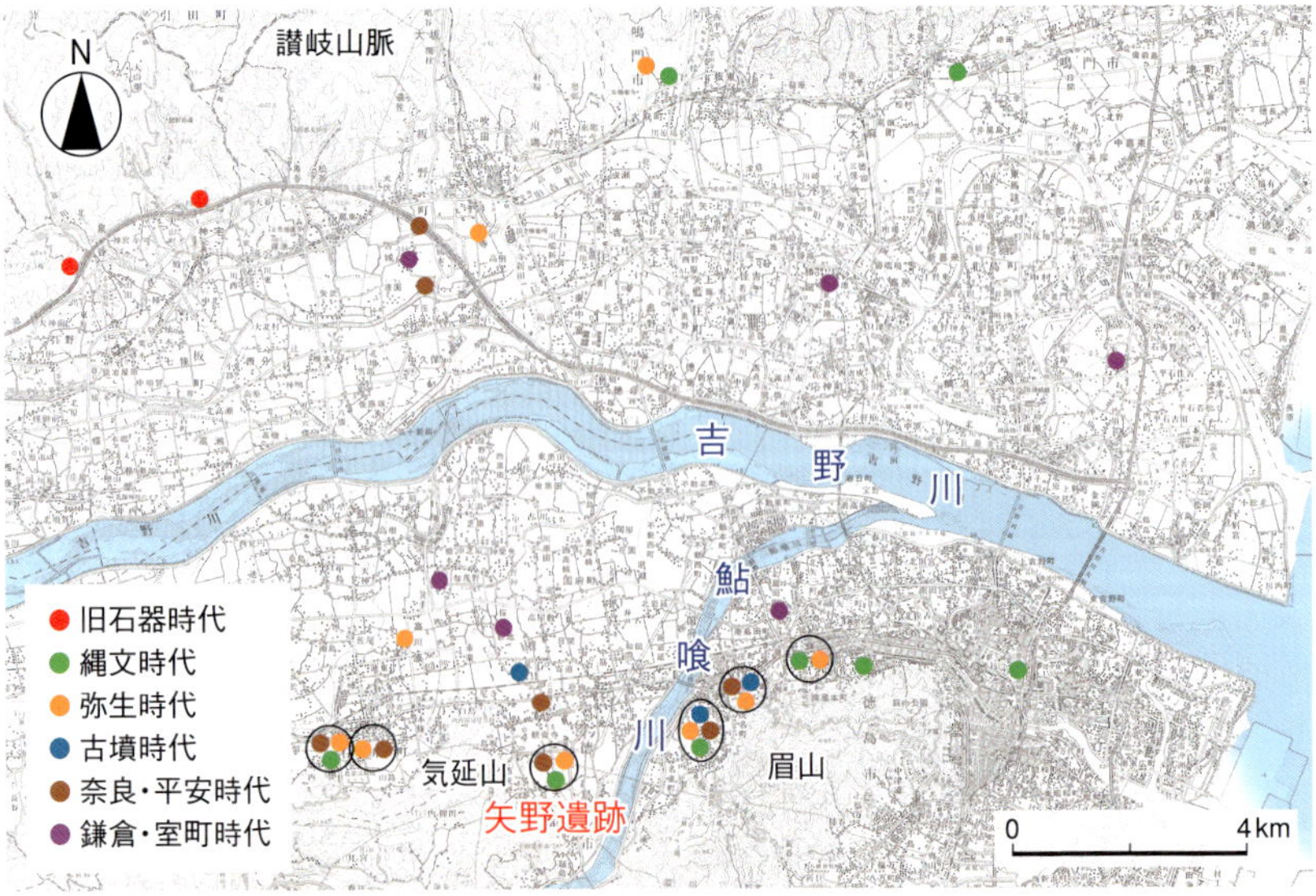

図11 ● 徳島平野の遺跡の立地
旧石器時代〜奈良・平安時代にいたるころまでは、多くの遺跡が北岸の讃岐山脈に沿った地域か、南岸の眉山、気延山周辺の微高地に集中しているが、鎌倉・室町時代以降になると砂州や沖積平野の中央付近からも発見されるようになる。

えられる。その結果、昔の人びとが生活した痕跡（遺跡）は、吉野川本流からは少し離れた支流河川の周囲に多く残されているのである。

とりわけ縄文・弥生時代の集落が集中して発見される代表的な地域が徳島平野のなかでも鮎喰《あくい》川流域であり、矢野遺跡もこの川の西岸に位置している。鮎喰川は吉野川の支流で、徳島平野に流入する支流としては最大の河川である。全長は約四九キロで、名西《みょうざい》郡神山《かみやま》町の雲早山《くもそうやま》付近を源としており、四国山地内を東流した後に徳島平野を北上して吉野川へと注いでいる。川の流れは上・中流部においては山間の狭い谷筋を通っているが、徳島市国府町延命《えんめい》付近に入ると左岸の気延山と右岸の眉山との間が大きく開けているため、その下流に所在する左岸の国府町、右岸の名東《みょうどう》町などの一部にかけては扇状地の地形が発達している（図12）。

徳島平野のボーリング調査データの解析から古

図12 ● 西からみた鮎喰川と徳島平野

眉山の西側を流れる鮎喰川によってつくり出された扇状地。鮎喰川の両岸には多くの遺跡が存在しており、先史時代の徳島の中心地であった。

地形の復元をおこなった古田昇によれば、氷河期以降の完新世に入ると沖積層が堆積して徐々に平野が形成されていくが、鮎喰川流域は縄文海進期以降（約六〇〇〇年前）から砂質土の堆積が徳島平野のなかではいちはやく進んだ地域の一つである。つまり矢野遺跡周辺の土地は、最初に徳島平野に進出してきた人びとにとっては、まさにフロンティアともいうべき場所であったのだろう。その後、平野の成長にともなって、矢野遺跡周辺の集落は発展していったのである。

2 徳島平野を掘る

過去への探求の幕開け

徳島県内での先史時代の本格的な探究は、地元出身の人類学・考古学者である鳥居龍蔵《とりいりゅうぞう》を中心としておこなわれた。一九二二年（大正一一）の徳島市徳島町城内にある城山《しろやま》貝塚の発掘調査がそのはじまりである。当時、東京帝国大学に勤務していた鳥居は、前年に論文「満蒙の有史以前」を東京帝国大学文学部に提出して学位を受けている。そしてこの調査の直前には理学部助教授・人類学教室主任に就任しており、国内外の考古学の第一人者となっていた（図13）。

三月二七日に徳島に帰郷した鳥居は、県内の遺跡巡検をしていた折に徳島城内の城山の地で貝塚の存在を確認し、四月三日から五月五日にかけて地元の研究者達とともに調査をおこなった。城山貝塚は山裾の洞窟や岩陰の下に残された鹹水《かんすい》産の貝を中心とした貝塚で、アイヌ土器

（縄文土器）、弥生土器とともにサヌカイトの石器類や人骨が出土したと報告している。このなかで鳥居は自身の研究テーマの一つであった「日本民族の形成」に関する主張である「先住民＝アイヌ説」を織りまぜて、石器時代のアイヌ土器（縄文土器）のなかでも、出土した薄手式土器の存在に注目している。

つづく一九二四・二五年（大正一三・一四）には鳥居龍蔵の指導を仰いだ森敬介によって、佐古町《さこ》三谷《みたに》遺跡の発掘調査がおこなわれている。調査においては、その当時から注目されはじめていた遺跡に堆積した地層の層序と出土する土器との関係について観察がおこなわれ、第二層上層から齋部《いわいべ》土器（土師器）、第二層下部から弥生派土器（弥生土器）が出土し、第三層、第四層からはアイヌ派土器（縄文土器）が出土したと記されている。また竪穴住居や貝塚の存在も報告されている。

こうして徳島平野においては、矢継ぎ早に先史

図13 ● 徳島の考古学研究の先駆者・鳥居龍蔵と城山貝塚調査時の様子
1870年（明治3）生まれの鳥居は独学で人類学を研究し、のちに坪井正五郎の門下となり上京、人類学教室の標本整理係として働きながら頭角をあらわしていった。
右は3号貝塚の発見された岩陰の開口部分に立つ鳥居龍蔵。

時代に関する発掘調査がおこなわれたのだが、それ以後の探求は途切れてしまい、当地域の研究の進展は太平洋戦争以後にもちこされることとなった。

矢野遺跡の発見と調査

矢野遺跡が発見されたのは一九五〇年代後半のことである。気延山の東に位置した国府町矢野の四国電力国府変電所の工事現場より弥生土器片が多数出土したことから、遺物の包含層の存在が明らかとなり、一九六三年に作成された『徳島県遺跡目録』にも「弥生式集落」として掲載されている。その後、一九七六年に再び国府変電所敷地周辺において施設建設工事がおこなわれることになり、それに先立ち緊急発掘調査が徳島県教育委員会によって実施されている（第一～三次調査）。まず六月におこなわれた第一次、第二次調査では溝が一条と土坑が五基検出されており、出土した土器の年代は弥生時代後期であった。つづく一〇月の第三次調査では、前回までより南側の地点において、約四二〇平方メートルとややまとまった面積の調査がおこなわれ、竪穴住居一〇軒を主体として溝や土坑など多くの遺構が検出されている（**図14**）。出土した土器の年代は弥生時代中期から後期にかけてのものが中心であり、

図14 ● 国府変電所地点の発掘調査
発掘調査では竪穴住居が集中して発見されており、矢野遺跡のなかでも中心集落のひとつの地点と考えられる。

比較的長い期間存続していた集落であることが明らかとなった。

一九八三年になると、これまで発掘調査の中心となっていた国府変電所地点から東に約五〇〇メートル離れた国府養護学校の敷地内の発掘調査が実施され、竪穴住居を含む多くの土坑や柱穴が検出された（図15）。出土した土器の年代は中期から後期にかけてのものが中心であり、石鏃《せきぞく》、石庖丁《いしぼうちょう》などの石器や銅鏃《どうぞく》なども出土している。この発掘調査によって矢野遺跡の弥生集落は、これまで判明していた気延山のふもと付近だけでなく、東にも広範囲に広がった大規模な集落であると考えられるようになった。

大規模開発の波及と矢野遺跡

一九八〇年代後半、バブル景気も盛りになると徳島県下にも開発の波が押し寄せてくるようになる。これにともない発掘調査の件数も増加の一途をたどるが、高速道路やさまざまな施設の建設計画の一つとして「徳島南環状道路」の建設が浮上してくる。徳島南環状道路は徳島市内中心部の慢性化した交通渋滞の解消のため、徳島外環状道路の一部として計画されたものであり、徳島市国府町観音寺の国道一九二号線と徳島市八万町大野の国道五五号線を結ぶ約九・五キロの区間

図15 ● 国府養護学校地点の発掘調査
国府変電所地点から東に離れた場所で竪穴住居が発見されたことで、矢野遺跡が巨大な弥生集落であることが明らかになった。

が該当する。

この路線のなかには矢野遺跡を含む多くの遺跡の存在が知られており、道路の建設に先立って発掘調査がおこなわれることになった。あらかじめ遺跡の範囲確認のため試掘調査がおこなわれた結果、鮎喰川西岸の国府町側では、矢野遺跡を中心として路線内のほぼ全域に遺跡が広がっていることが明らかとなった。この試掘調査のときにはじめて注目されたのは、事前に予想されていなかった縄文時代の遺構面の存在である。最深部分では、地表下三メートル以上の箇所で土器や遺構が確認された。そのために一部の調査区では、矢板を打設して安全を確保しながら一九九二年から二〇〇〇年の間、順次調査が進められた（図16）。

南環状道路関連の発掘調査における第一の成果は、総延長約二キロにわたってほぼ連続して調査をおこなったことにより、国府町域を南北に貫くように地表面下の土砂の堆積状況が把握できたことである。これによって縄文時代から弥生時代、そして平安時代にいたるまでの長い間、鮎喰川周辺の地形がどのように変化し、それにともなって人びとが住む場所を変えてきたのかがよりくわしく推定可能となった。

図16 ● 縄文時代生活面の調査の様子
矢板で囲ったなかを、地表面から徐々に土を掘り下げながら調査をおこなっていくため、縄文時代の生活面にまで掘り進めたころには周囲の風景がみえないほど深くなっていた。

第二の成果は、県内最大規模と推定されていた矢野遺跡の弥生集落の広がりが判明したことである。この時期には徳島市教育委員会によっても矢野遺跡周辺での発掘調査が相次いでおこなわれたことから、これらの調査記録を南環状道路の調査成果に加味することで、約一キロ四方にわたって広がる巨大な遺跡であることが明らかとなったのである（図17）。

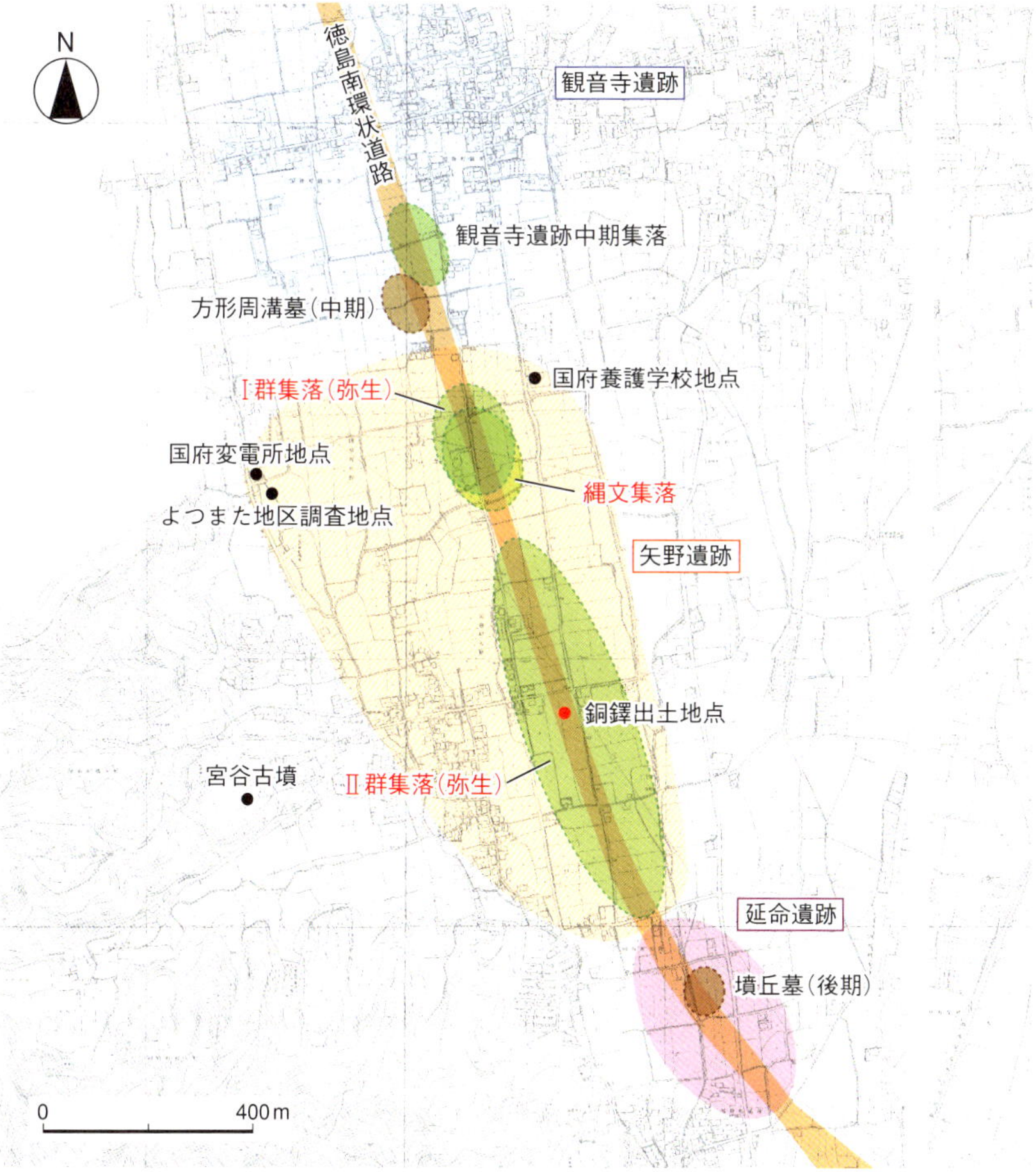

図 17 ● 南環状道路の路線と矢野遺跡
南環状道路は矢野遺跡のほぼ中央部を南北に貫いている。南には延命遺跡、北には観音寺遺跡が広がっており、国府町内の路線のほぼ全域に遺跡が存在していた。

第3章　土製仮面を残した縄文集落

1　矢野集落の誕生

縄文時代集落の調査

発掘調査がはじまる前までの矢野遺跡は弥生時代の遺跡として知られており、なだらかな扇状地の下に集落が埋もれていると考えられていた。ところが本調査に入る前の試掘調査を進めていくうちに、地点によって堆積している土の種類が大きく異なっていることが判明してきた。それは遺跡の東側を流れる鮎喰川が上流より運んできた土砂の堆積状況が場所によって大きく異なっていて、川の水の流れる量や方向が変わるごとに礫《れき》や砂、シルトなどさまざまな種類の土が堆積し、現在とくらべるとかなり起伏に富んだ地形だったのである。多くの地点では弥生時代の遺構面の下には砂礫を中心とした層が厚く堆積しており、その層のなかには人が暮らした痕跡はみつかっていないのだが、矢野遺跡でも北寄りに位置する地点ではシルト層の厚い堆積が存在しており、そこには約二メートル下の土層中から縄文土器とともに人が火を使用した跡とみられる焼土が発見されたのである。

一九九四年から一九九八年にかけておこなわれた調査のなかで確認された集落の範囲は南北方向で約二〇〇メートルにわたるもので、徳島県内では最大の縄文時代の遺跡であることが明らかになった。土器や石器の点数は合わせて八万五〇〇〇点を超えており、その出土量からも西日本では有数の規模を誇っている。

集落はどれくらいつづいたのか

集落が誕生したのは縄文時代中期の終末ころのことである。以後、後期前葉ころまでの間、ほぼ継続して生活が営まれていたと考えられる。当時の生活面は高低差をもつ三枚の面に大きく分かれて検出されており、一番時期の古い下層から検出された生活面では、おもに中期末～後期初頭（北白川C式・中津式古段階）の土器が、つづく中層から検出された生活面ではおもに後期初頭（中津式古段階）の土器が、そしてもっとも新しい時期の上層から検出された生活面では後期初頭から前葉（中津式新段階・福田KⅡ式～松ノ木式）にかけての土器がそれぞれ出土している（図18）。

そのほかに周囲の流路内からは、もっとも新しい後期前葉（津雲A式・彦崎K式）の土器が出土しているが、その時期の生活面や遺構は確認することはできなかった。このことから、矢野遺跡の縄文集落は中期終末から後期前葉まで、およそ三〇〇年はつづいたものと考えられる。

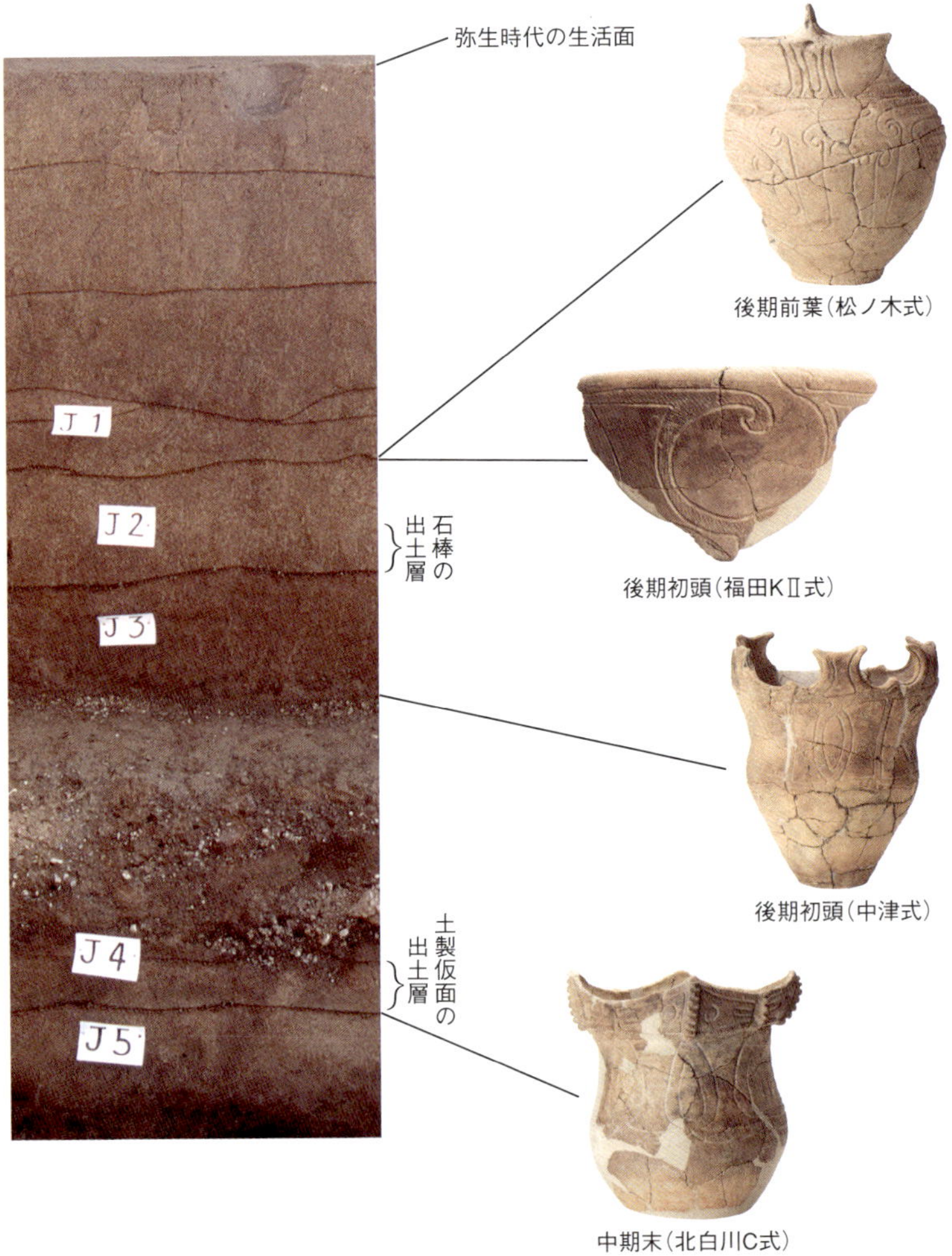

図18 ● **矢野遺跡の地層と出土した縄文土器**
弥生時代の生活面からおよそ１ｍ下から縄文土器を含む層（J1～J5層）がつづいている。縄文時代の生活面は上層（J1層の下）、中層（J3層の下）、川の流れた砂礫層をはさんで下層（J4層の下）の三つの面が検出されている。

竪穴住居と屋外炉

集落内から検出された遺構のなかで、その中心となる施設は竪穴住居である。矢野遺跡で竪穴住居と判断できるものは、下層からは二八軒、上層では九軒となっており、間の中層からは検出されていない。竪穴住居の平面形状は円形または楕円形で、大きさは最大のもので径が七・八メートル、最小のものでは二・二メートルとさまざまである。竪穴住居の掘り込まれた床面の中央に炉とみられる焼土の跡が検出されているものが、下層からは九軒、上層からは五軒、柱穴などが検出されているものが下層からは三軒、上層からは一軒がそれぞれ発見されており、その他の一九軒は浅い竪穴状の掘り込みのみが検出されている（図19）。

通常、竪穴住居のイメージとしては中央付近に炉があって、その周囲を規則的に柱穴がめぐり、復元すると茅葺《かやぶ》きの大きな屋根があ

図19 ● 矢野遺跡から発見された縄文時代の竪穴住居
上：中央部の赤い部分が炉である。竪穴の掘り込みの壁際に沿うように土器や石器類が出土している。
下：掘り込みの浅いタイプの住居。中央部に炉があり、周囲からは柱穴が確認されている。

るという光景がまず思い浮かぶ。しかし中・四国地域では、縄文時代の竪穴住居跡と考えられる遺構の検出例は少なく、わずか二〇〇軒ほどしか報告されていない。そのなかでも先にあげたような条件を満たすものは数十軒程度になるだろう。徳島県内でも矢野遺跡の時期に近い後期のものとしては、鮎喰川の対岸に位置する徳島市庄《しょう》遺跡から屋内に石囲い炉と柱穴をもつ例が一軒知られているのみで、そのほかは矢野遺跡と同様に炉と柱穴がともに検出された例は非常に少ない（図20）。

竪穴住居とともに矢野遺跡で多く発見されている遺構は、屋外で火を使用した炉跡である。屋外炉は、地面の表面が赤く焼けているだけのものから、地面を径一から二メートルほど浅く掘り込んだなかに焼土や炭が残されているものなどが発見されている（図21）。その数は下層から四五カ所、中層から三カ所、上層から四カ所となっている。矢野遺跡の縄文集落では、屋

図20 ● 庄遺跡から発見された縄文時代後期の竪穴住居
上：円形の竪穴住居の内部からは、柱穴と中央部から石囲い炉がみつかった。
下：床面の中央には6個の結晶片岩を円形に組み合わせて炉がつくられている。

内に明確な施設がともなわない竪穴住居の周辺部に屋外炉がつくられていることから、竪穴住居（居住場所）と屋外炉（調理・作業場所）の二つの遺構がセットとなって生活が営まれていたものと考えられる。

環状集落と土製仮面

下層の集落は調査区のなかでも南寄り、標高が約七メートルの微高地を中心として検出されている（**図22**）。まず北白川C式の土器を含む時期の竪穴住居が南側を中心として築かれ、その後に中津式古段階の土器をともなう竪穴住居が東西および北側にも築かれるようになり、近接するように屋外炉や土坑も配置されている。集落の中央部分は遺構の少ない空閑地が楕円形に広がっており、竪穴住居はその周囲を

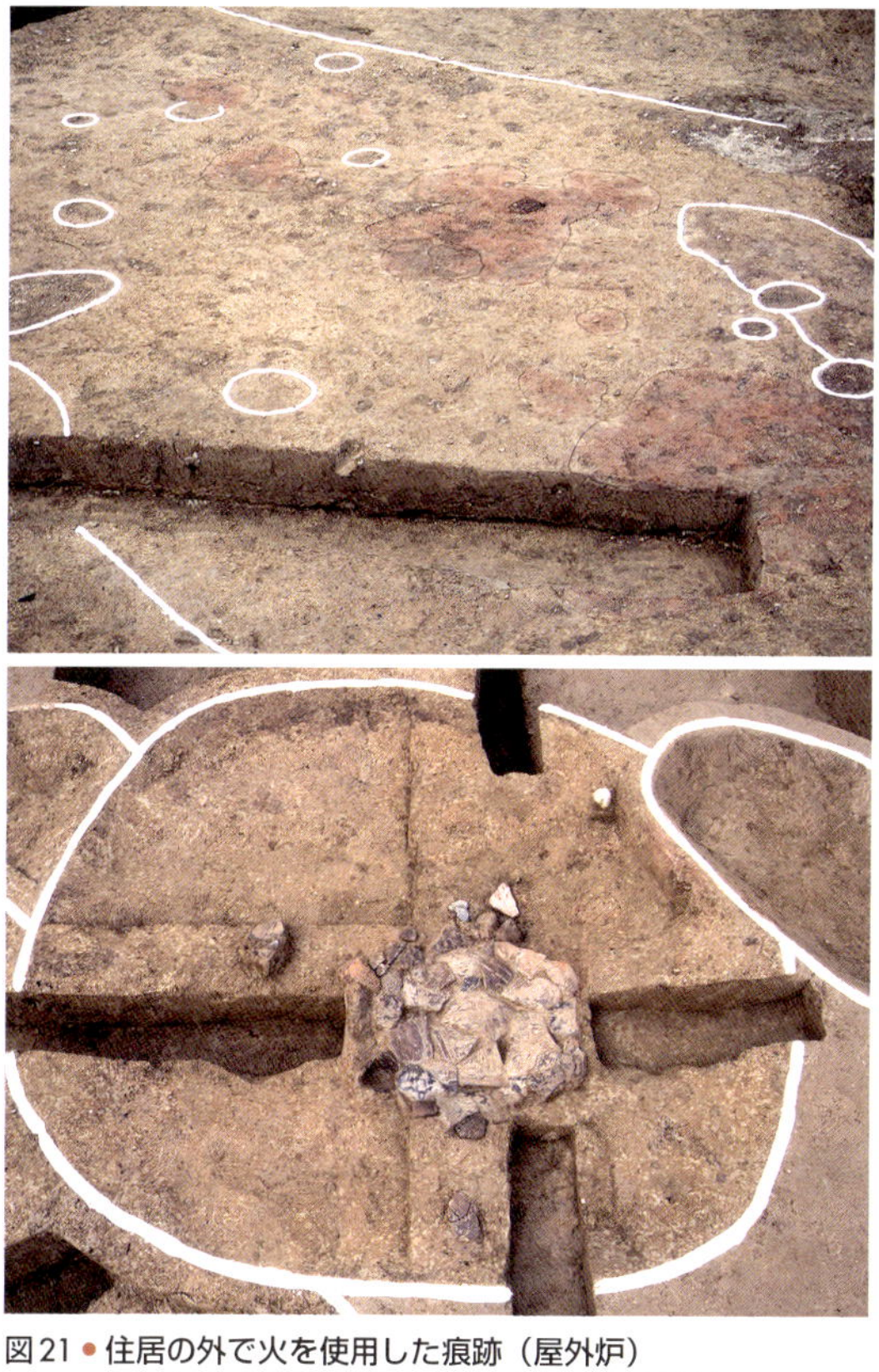

図21 ● **住居の外で火を使用した痕跡（屋外炉）**
上：たき火で地表面が赤く変色している跡がたくさんみつかっている。
下：浅く掘り込まれた坑の中に土器の破片を敷き詰め、その上で火を燃やした炉跡。

とり巻くように楕円形かあるいは馬蹄形に存在している（図23）。

　こうした形の住居群で構成される集落を「環状集落」とよんでおり、東日本地域の中期から後期にかけての規模の大きな集落にみられる形であるが、西日本地域ではその例はほとんど知られていない。矢野遺跡の環状集落は推定復元ではあるが、南北方向の距離は約一〇〇メートル、東西方向には五〇メートルほどで、平面の形は楕円形もしくは馬蹄形をしていたと考えられる。また中央の広場付近が周囲よりもわずかに低く、土器や石器類が多く出土しており、第1章で紹介した土製仮面もその周辺からみつかっている（図23）。土製仮面はいくつかの破片に分かれて

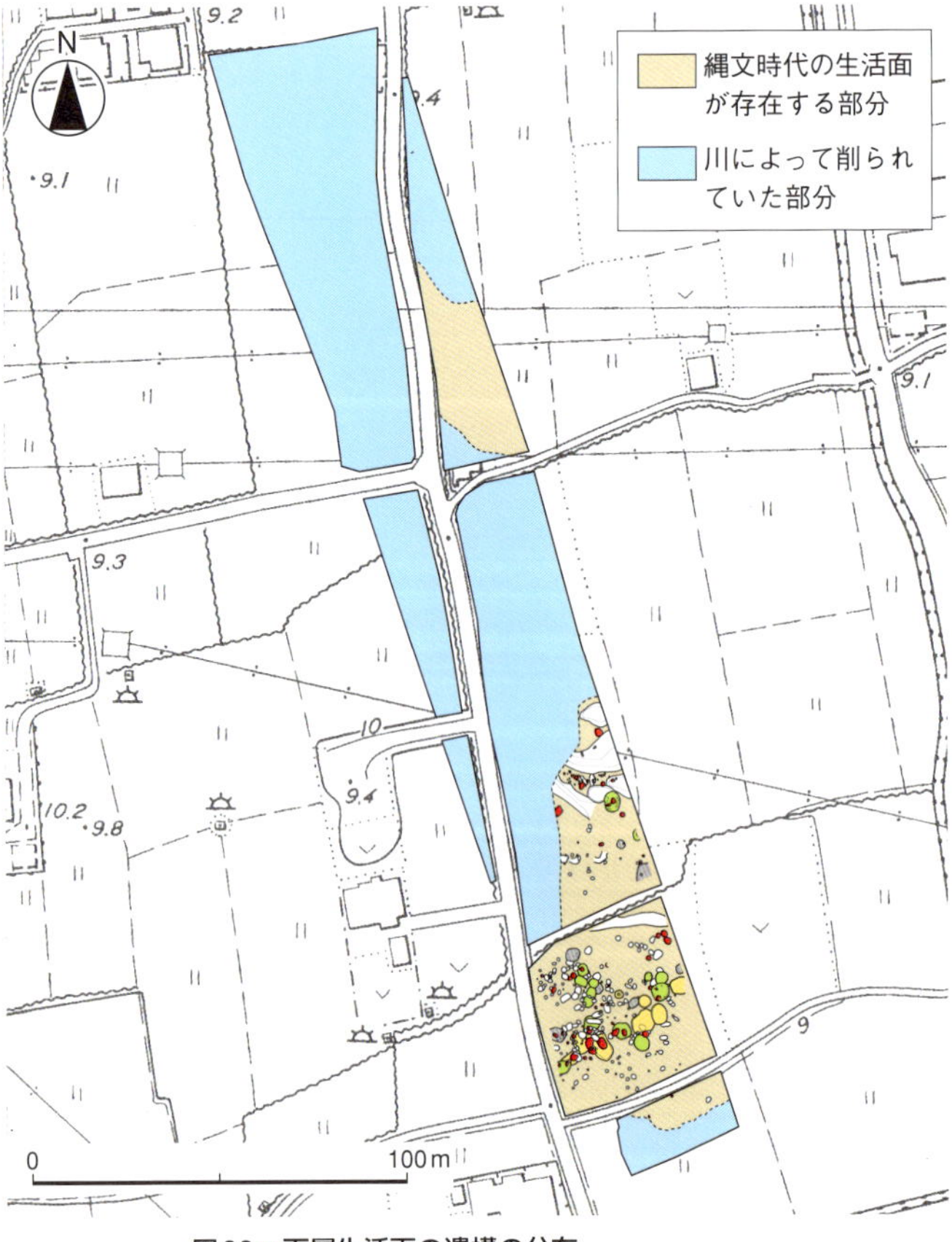

図22 ● 下層生活面の遺構の分布
調査の対象となった地点のなかでも南寄りの調査区から多くの遺物や遺構が発見されている。調査区の南側と東側では川によって削られた跡が検出されている。

いたが、ほぼ同じ場所からまとまって発見されたため、その役目を終えた後に中央の広場で破壊されたか、そのまま放置されていたのかもしれない。

2　ムラの暮らし

使われた土器

矢野遺跡において大量に出土している中津式などの後期初頭の土器は、磨消《すりけし》縄文土器ともよばれ、器面に施した縄文の上から太い二本の沈線を引き、その中を丁寧に磨り消すことでさまざまな模様を描いている。そして土器の形も一般的な深鉢《ふかばち》以外に浅鉢《あさばち》、鉢《はち》、壺《つぼ》など多くの種類の器種が存在して

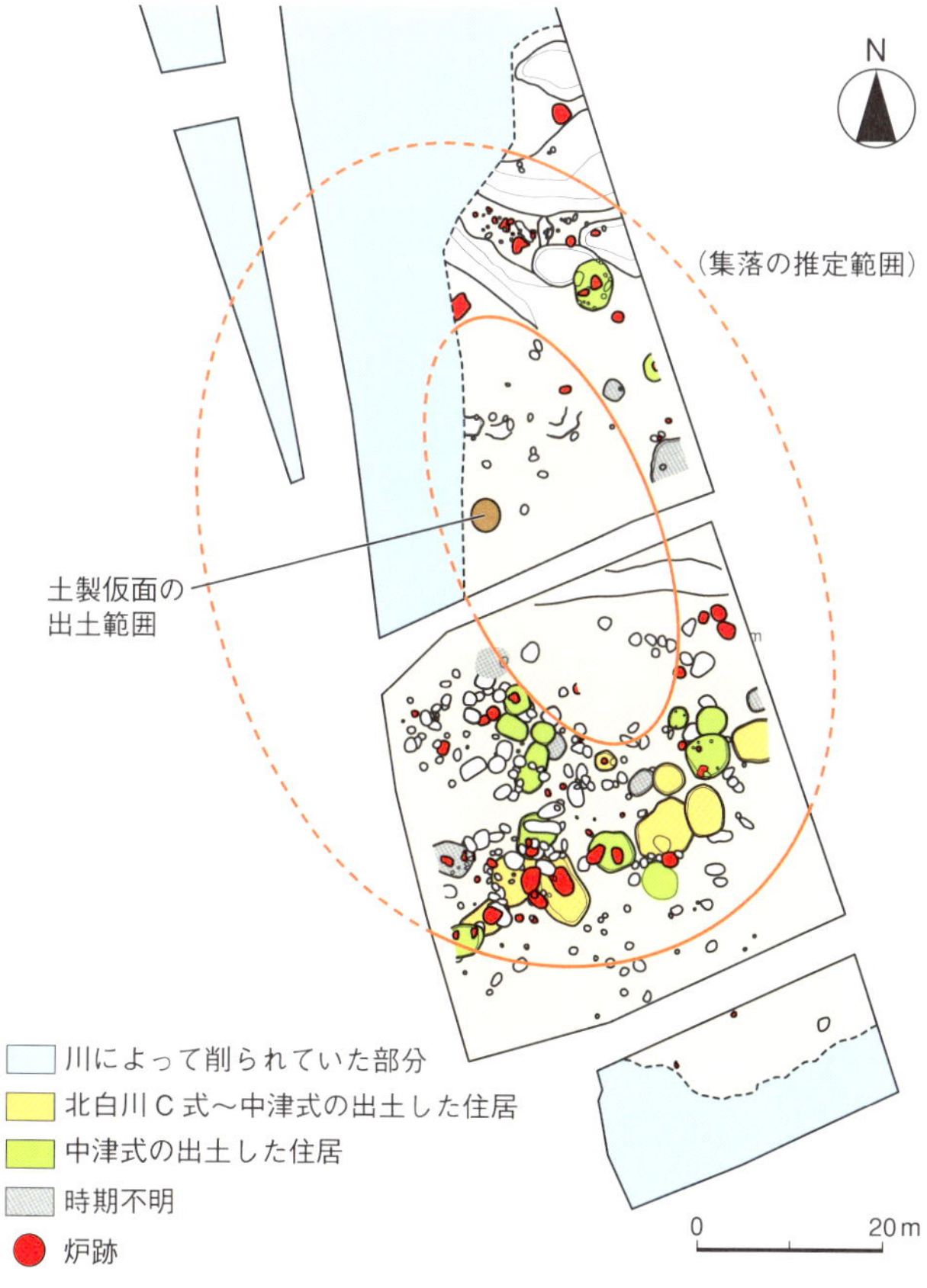

図23 ● 後期初頭の環状集落
竪穴住居は最初に南側の微高地を中心に建てられており、中央に広場のような空白地があり、その中央から土面が出土した。

いる。

そのほかに表面に文様を描くことなく、ナデや貝殻条痕文《かいがらじょうこんもん》のみの調整で仕上げた無文の土器が後期に入ったころから盛んにつくられるようになる。矢野遺跡からも有文の土器と拮抗するほどの量の無文土器の深鉢が出土しており、調理や物の貯蔵などに利用されたと考えられる（図24）。

土器を彩る赤い色と顔料の製作

土器のなかには表面に赤い顔料が付着した土器がみつかっており、赤彩《せきさい》土器などとよばれている。約一三〇点確認された赤彩土器は、そのほとんどが文様の描かれた精製土器である。色が残っている部位は、

図24 ● 磨消縄文土器と無文土器
無文土器は形が大型のものが多く、原料となった粘土には粗い砂粒などが多く混ぜられているものが目立つ。

土器の上半部の文様の部分やそれを描いた沈線内であることから、土器の表面を飾ることを目的として色が塗られた可能性が高い（図25）。赤彩土器が出土した場所は集落内でも竪穴住居を中心とした居住空間を中心としており、中央の広場の空間からはほとんどみつかっていない。そのためこれらの土器が通常の生活用具として使用されたものなのか、特別な儀式のときに使用され、各住居で保管されていたものなのかについては判断できない。

土器に塗られた赤い顔料の原料は、おもにベンガラ（酸化鉄）が用いられているが、一部の土器には水銀朱が塗られたものも存在している。日本での水銀朱の使用はおもに弥生時代から古墳時代にかけてと考えられてきたが、近年では縄文時代後期以降になると水銀鉱床の存在する三重県の遺跡などからも発見例が増えている。

矢野遺跡からも水銀朱の原料である辰砂《しんしゃ》を細かく磨り潰すために使われた磨石《すりいし》や石皿《いしざら》が出土しており、集落内において彩色のための顔料の製作をおこなっていたことがわかっている。

徳島県の辰砂の採取地として阿南市の若杉山《わかすぎやま》遺跡が有名であるが、ここでは弥生時代末から古墳時代にかけて水銀朱の生産のピークがあった。この若杉山遺跡は全国的にみても辰砂を採掘する遺跡として唯一のものであり、矢野遺

図25 ● 赤い顔料が塗られた土器
太古からの鮮やかな色をそのまま残した土器。この赤い色から縄文人がイメージしたのは太陽や火の色であろうか。

跡の辰砂も若杉山一帯から運ばれてきたものを、さらに精製・使用した可能性が考えられる。とすると鮎喰川に近接して矢野遺跡の集落が立地する理由の一つとして、河川を利用した辰砂などの物資の流通が目的であったと想定できるかもしれない。

サヌカイトの入手と石器づくり

　人びとが使用した石器は、礫の形をそのまま活かしながら加工をされた礫石器と、石の塊から打ち剥がした薄い石片を加工した剥片石器の大きく二種類に分けられる。礫石器には、おもに植物や木の実などを調理する磨石、石皿、木を伐採するための石斧《いしおの》などが出土しており、砂岩や緑色岩、蛇紋岩《じゃもん》など集落の近郊で得られる石材が利用されている。一方の剥片石器には狩猟の道具である石鏃、加工具として使われた石錐《いしきり》や削器《さっき》、石匙《いしさじ》などが出土しており、これらの石器にはいずれもサヌカイトという石材が利用されている（図26）。

　サヌカイトは打ち割ると鋭い縁辺をもつ剥片が得られることから、古くは旧石器時代のころから西日本地域では石器の

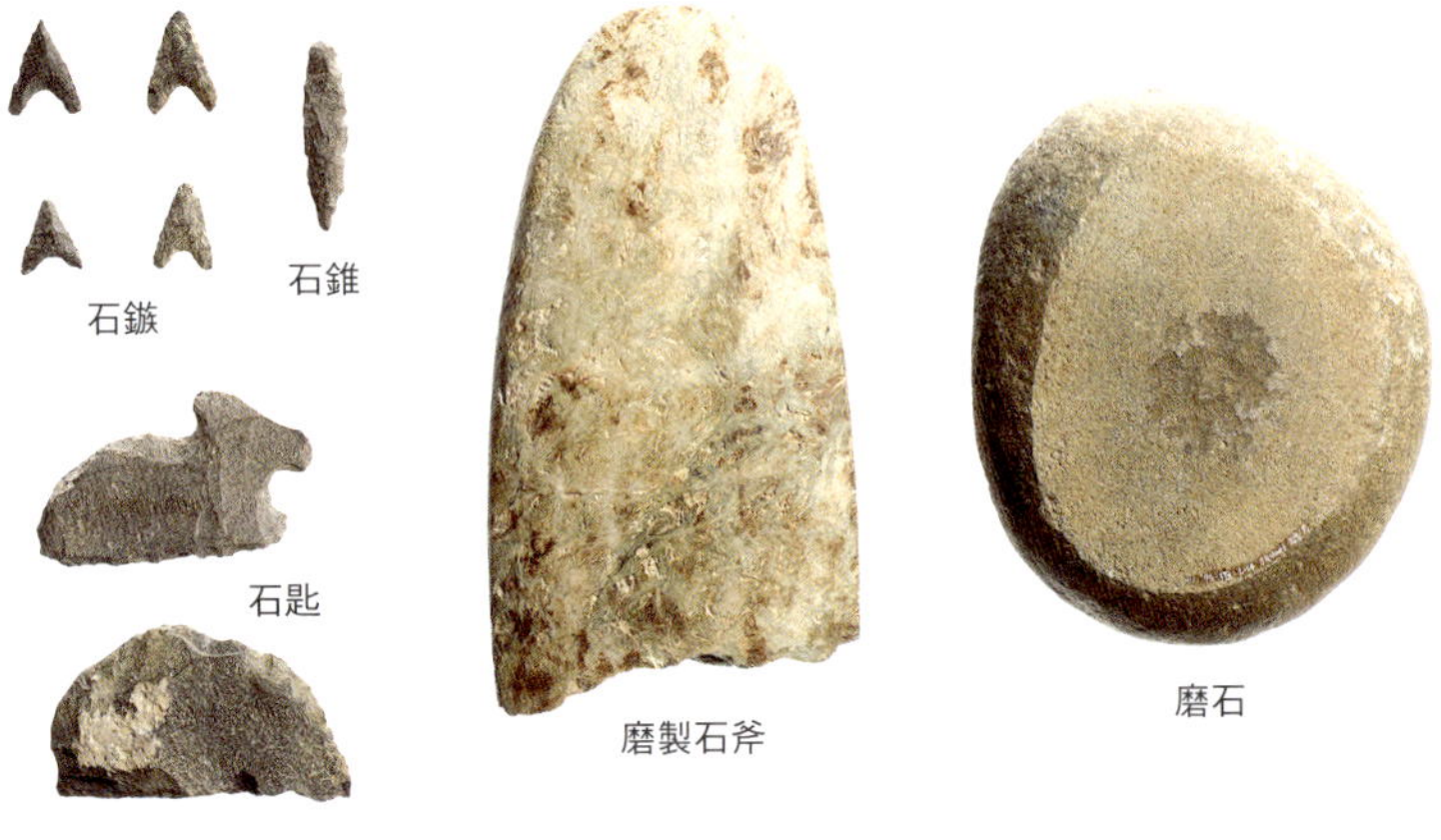

図26 ● 出土したおもな石器類
石鏃、石錐、石匙などはサヌカイト、磨製石斧は蛇紋岩、磨石は砂岩をそれぞれ利用している。

素材として重宝されている。ただし産出する場所は限定されており、矢野遺跡から出土したサヌカイトについては、石材の成分分析によって、直線距離で六〇キロほど離れた香川県坂出市の金山《かなやま》周辺の石であることが明らかとなっている。また集落にもち込まれた素材のサヌカイトは石の表面が風化した亜角礫と、あらかじめ分厚い板状に分割された大型の剥片の二つの形状のものがあるため、原産地のなかでも複数の場所からそれぞれ採取されてきたと考えられる。人びとが良質な石材を求めて直接原産地にまで足をのばしていたことも考えられるが、矢野遺跡から出土した土器のなかには香川県の遺跡内で製作されたとみられる土器が少量含まれているため、遠隔地の集団がサヌカイトを入手するに際しては、それを仲介した集団が存在していた可能性も考えられる。

吉野川下流域の遺跡では、遠隔地の石材であるサヌカイトを入手して石器製作に利用する状況が、時代を超えて弥生時代の後期のはじめころまでつづいている。サヌカイトロードともいうべき物流（採取・交換）のルートが香川県側の石材原産地との間に成立しており、旧石器時代を含めると約二万年以上の長きにわたって人びとの情報の伝達と共有に大きく役立っていた。

石器素材となったサヌカイトは、打ち割られて剥がされた剥片の大きさに応じて石器のつくり分けがおこなわれている。大型の剥片はそのまま周囲に調整を加えて石槍や削器などを製作しており、また同じような大型の剥片からさらに小型の剥片も生産されている。小型の剥片は石鏃や石錐などの石器へと加工されており、石を打ち割る過程でつくりだされる大小さまざまな大きさの剥片を無駄なく消費しようとする工夫が感じられる。

ムラの生業

竪穴住居のなかから出土する遺物は土器がもっとも多いが、それ以外にさまざまな石器類が出土している。縄文時代は狩猟や植物の採集による生業活動が中心であるため、弓矢に使用する石鏃や木の実などを粉砕するための磨石などが主要な石器であるが、それ以外に注目される石器としては石錘《せきすい》が出土している。竪穴住居以外からの出土もあわせると一九〇点にのぼり、矢野遺跡の石器組成のなかでも主要な石器である。

石錘はやや扁平な形をした川原石を素材としており、その両端に縄掛け用の凹みの部分をつくり出した石の錘《おもり》である。凹みの部分を打ち欠くことで作り出した礫石錘と、擦り切りによって溝を作り出した切目《きりめ》石錘の二種類が矢野遺跡からは出土している。石錘はおもに魚を捕るための網の錘として使われたと考えられており、多くの竪穴住居から石錘が出土したことは、川辺に暮らしていた矢野遺跡の人びとにとって、河川の利用は交通や物流の手段としてだけではなく漁労活動という生業の場として暮らしのなかで大きな比重を占めていたのだろう。

図27 ● いろいろな大きさの石錘
石錘は大小の差が明確であり、使われる目的が違っていたと考えられる。左下の切目石錘は小型のものだけで、その他は礫石錘である（右端天地13.7cm）。

出土した石錘は重量ごとの数をまとめてみると三〇〜六〇グラムの間と五〇〇〜七〇〇グラムの間にまとまりがみられ、大小二種類の石錘があることがわかる。およそ一〇〇グラム以下の小型の石錘が漁網用とされているのに対して、それより大型の石錘については編み物をおこなう際に使用した錘であるという説もあり、集落内で衣服や敷物などの製作がおこなわれていた可能性も考えられる（図27）。

縄文人の祈りと装い

実生活に使用される道具と区別して、精神生活に使用される道具や身につけるための装身具を第二の道具とよぶことがある。最初にとり上げた土製仮面などは、その典型ともいえるのだが、それ以外にも石棒《せきぼう》や粘土製のアクセサリー類が出土している。

出土した石棒は四点で、徳島平野の南に位置する眉山周辺でとれる結晶片岩を素材としており、細かく周囲を敲打《こうだ》することで断面の形状が丸くなるように整えられている。いずれも破損しているが、先端部の残るものには男根の亀頭状の表現がみられる。中層とされた中津式古段階（後期初頭）の時期の生活面からまとまって出土し

図28 ● 祈りの道具
石棒の長さはいずれも20〜30cmで、
上下のいずれかが欠損していた。

ている（図28）。徳島県内では縄文時代中期から晩期の遺跡から出土しており、この時期を代表する祭祀用具である。

アクセサリーといえば、石を磨いて作った勾玉《まがたま》や耳飾りなどがすぐに思い浮かぶが、矢野遺跡からはめずらしい形をした粘土製の装飾品が発見されている。一つは調査で発見された当初から私たちは亀形土製品とよんでいるものである。直径が約六センチ、厚さが約一センチの円盤状の粘土の片側の面に亀の甲羅の縁辺部のような模様を描いており、あたかも卵からかえったばかりのゼニガメのようである。もう一つの円柱状土製品は、棒状にのばした粘土の長軸に沿って孔を貫通させたもので、表面には線と点を交互に並べて模様を描いたものである。似たような例としては矢野遺跡と同じ時期（中期末ごろ〜後期初ごろ）に北陸から東北南部地域にかけて三角壔《とう》形土製品という三角柱状のものが製作されているが、円筒形のものは知られていない。亀形と円柱状の二つの土製品はどちらも中心に紐を通すための穴があけられているため、ペンダントのように吊り下げて身につけられたものと考えられる（図29）。

図29 ● 装身具

左：亀形土製品は表側のみに文様が描かれており、裏側に文様は施されていない。右：円柱状土製品は長さが7.8cm、厚さは3.3cm。断面の形状は円形である。土製品はともに下層の生活面から1点ずつしか出土していないことから、これらを身に着けていたのは特別な立場の人物かもしれない。

3　縄文集落の変遷

移動する集落

下層の生活面で営まれた環状集落が終わりをむかえた後、中層の生活面に新しい集落がつくられるようになる。遺構が発見されているのは、南側の微高地のなかでもやや北端の部分で、それより南の部分では竪穴住居はみつかっていない。このころの集落の中心は下層の時期にくらべると北東方向に移

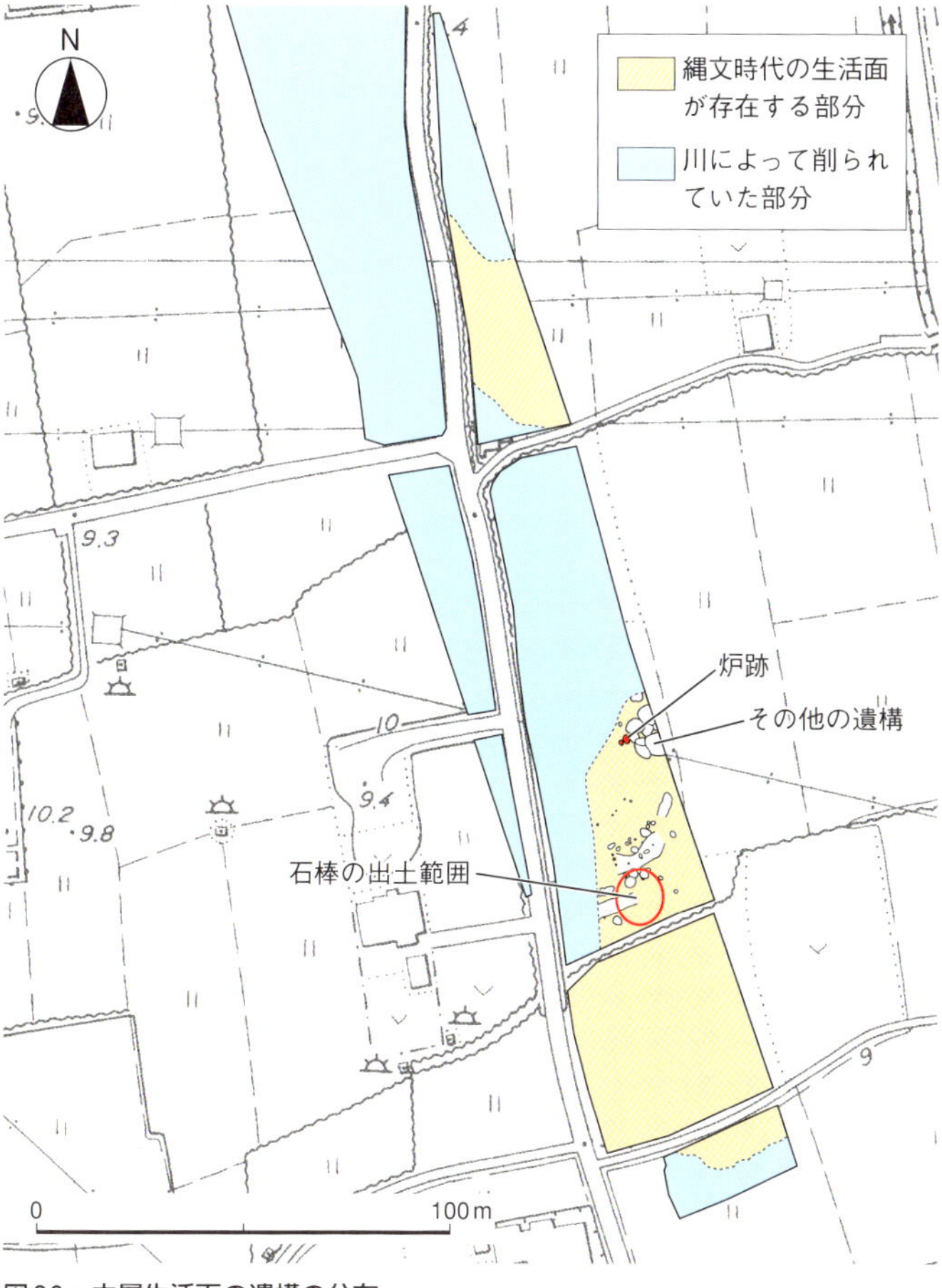

図30 ● 中層生活面の遺構の分布
遺構のみつかった場所は調査区の中央付近に限定されている。集落の広がりは川に削られた中央部または東側付近に移っていた可能性が考えられる。

動していると考えられる（図30）。集落の片隅のくぼ地付近には土器などとともに石棒がまとまって廃棄されており、この時期の祭祀行為の一端を垣間見せてくれている。

住居の減少と集落の廃絶

上層の生活面は、矢野遺跡においては縄文時代最後の集落である。この時期になると遺構は南北二つの微高地にみられるようになり、集落の範囲はもっとも拡大している。その一方で遺構の数は減少しており、二軒の竪穴住居を一つのグループとしたまとまりが二〇～三〇メートル間隔でつくられており、居住空間が環状を形成しながら多くの竪穴住居が存在していた下層の生活面にくらべると遺構の密度はまばらとなっている（図31）。竪

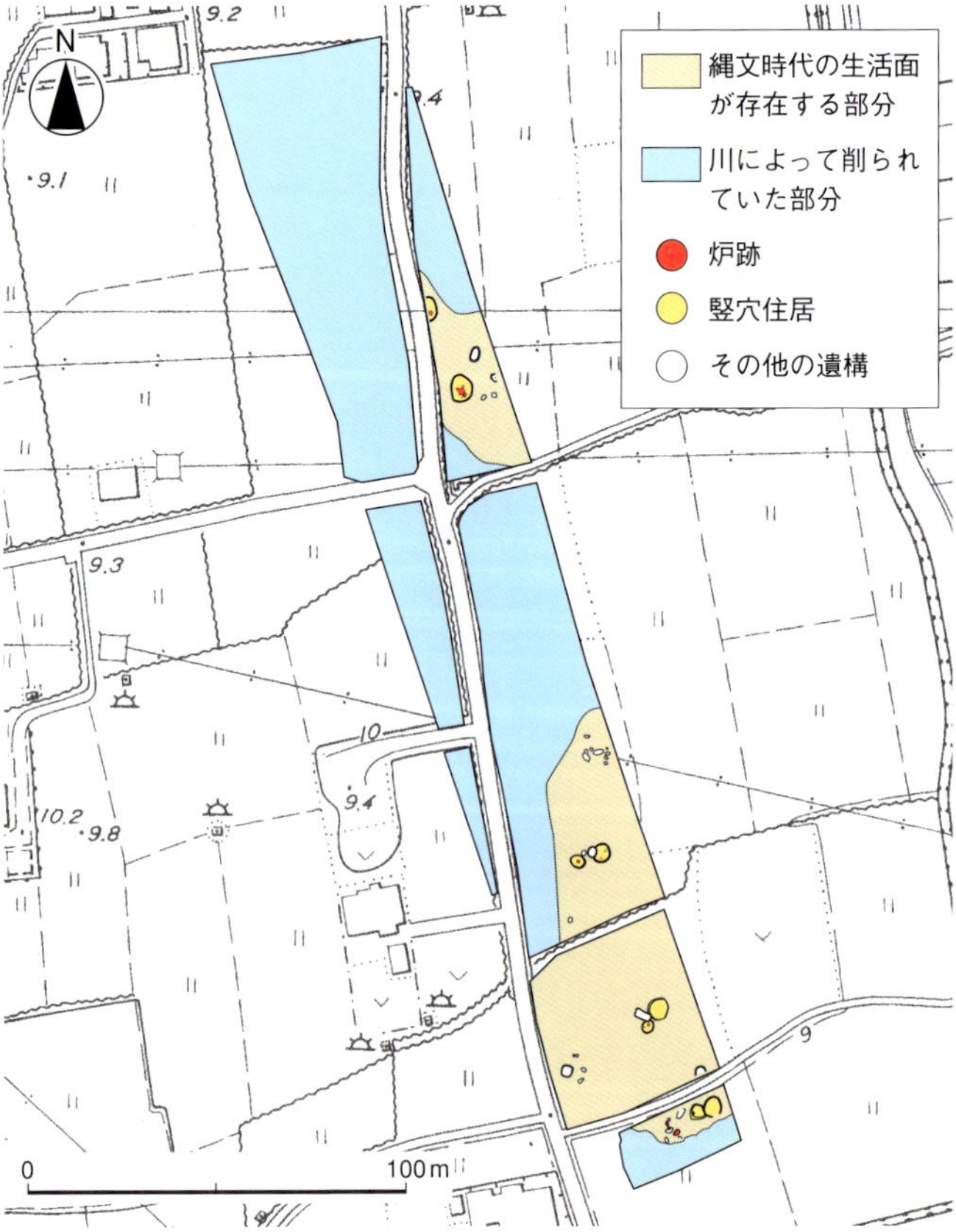

図31 ● 上層生活面の遺構の分布
二棟の竪穴住居が並ぶように建てられており、遺構の密度は散漫である。集落の範囲はより北に広がりをみせている。

穴住居の規模は下層で発見されている竪穴住居とくらべても遜色なく、屋外炉も周囲に存在しているが、遺跡のなかに残された土器の量は大きく減少している。

これにつづく時期の遺構は発掘調査がおこなわれた区域内からは発見されておらず、後期前葉の土器（津雲A式土器や彦崎K式）がわずかに周辺の川のなかから出土しているのみであり、以後の縄文人の活動痕跡は矢野遺跡からは消えてしまう。

4　縄文から弥生へ――鮎喰川流域の集落の消長

矢野の縄文集落はなぜ消えたのか

成立した当初は西日本でも有数の規模を誇っていた矢野遺跡の縄文集落であったが、それがなぜ、その後も継続することなく、最後は消滅してしまったのだろうか。その疑問に対する答えは、発掘調査がおこなわれているなかで、すでにその一端があらわれていた。まず一つめのヒントは、発掘調査によって検出された縄文時代の生活面が三層に重なるように発見されていたという事実である。これは当時、人びとが集落を築いて生活していた間にも浸水が起こり、生活空間のなかで土が堆積するような被害が一定の割合で発生していた可能性が考えられる。

二つめのヒントは、集落が二カ所の微高地に分かれて発見されたという事実である。調査区のなかに堆積した土の観察から明らかになったのは、人が暮らしていたころから集落が二カ所の地点に分かれていたのではなく、川の流れによって中央部の土が削りとられていった結果、集落のなかが見かけのうえで分断される格好になってしまったということである（**図32**）。とすると上層の縄文集落は遺構の密度はまばらであったが、削りとられた中央部にも広がっていた可能性が高いと考えられる。

これらの事実から考えられるシナリオは次のとおりである。縄文時代後期前葉のとある時期、おそらく洪水にともなって鮎喰川に土砂が大量に流れ込み川の流れが大きく変わってしまった。あるいは鮎喰川の流れ自体が土砂でせき止められてしまったのかもしれない。行き場を失った水は西へと方向を変えて矢野の集落の周囲に流れ込み、増えた水量からくり返される水害に人びとは生活を脅かされるようになっていったのだろう。

図32 ● 川によって削られた集落
縄文集落の西側（左側の白い部分）は川の流れによって大きく削りとられてしまっている。

鮎喰川の脅威

旧約聖書に書かれた「ノアの箱舟」の一説では、四〇日間にわたって雨が降りつづき、地上のすべてのものを流し去ってしまう。神話の洪水伝説とくらべるのはいささかオーバーかもしれないが、縄文集落の消滅以後の矢野遺跡の周辺地域では、鮎喰川の氾濫の影響を受けつづける時期が長らくつづいている。

ここで南環状道路の調査によって明らかになった矢野遺跡における各時代の生活面の標高を表した断面図をみてみたい（図33）。現在の矢野遺跡の地形は南から北に向かってゆるやかに傾斜しており、南と北の両端では標高差が約四・五メートルとなっている。もっとも古い縄文時代後期（約四〇〇〇年前）の集落が営まれた微高地は、おもに北半部の実線の部分で検出されており、当時の地表面は標高約七メートル前後であった。この微高地は途中が川によって削られて不明確なところもあるが、北隣の観音寺遺跡においても縄文時代の遺構がほぼ同じ高さ（標高約七メートル）から検出されているので、本来はもう少し北へとのびていたと考えられる。

図中では縄文時代の生活面よりも上の地層をオレンジ色と茶色の二つの色で塗り分けてみた。オレンジ色に塗られた部分は縄文時代後期から弥生時代中期（約二〇〇〇年前）までに矢野遺跡に堆積した土砂、茶色に塗られた部分は弥生時代中期から現在までに堆積した土砂である。みると一目瞭然であるが、どちらも同じ約二〇〇〇年という年月を経ているにもかかわらず、堆積した土砂の量は弥生時代中期までがはるかに多いのがわかる。このように洪水がくり返され、土砂が堆積しつづける矢野遺跡周辺の土地は、縄文集落の廃絶以降のしばらくの

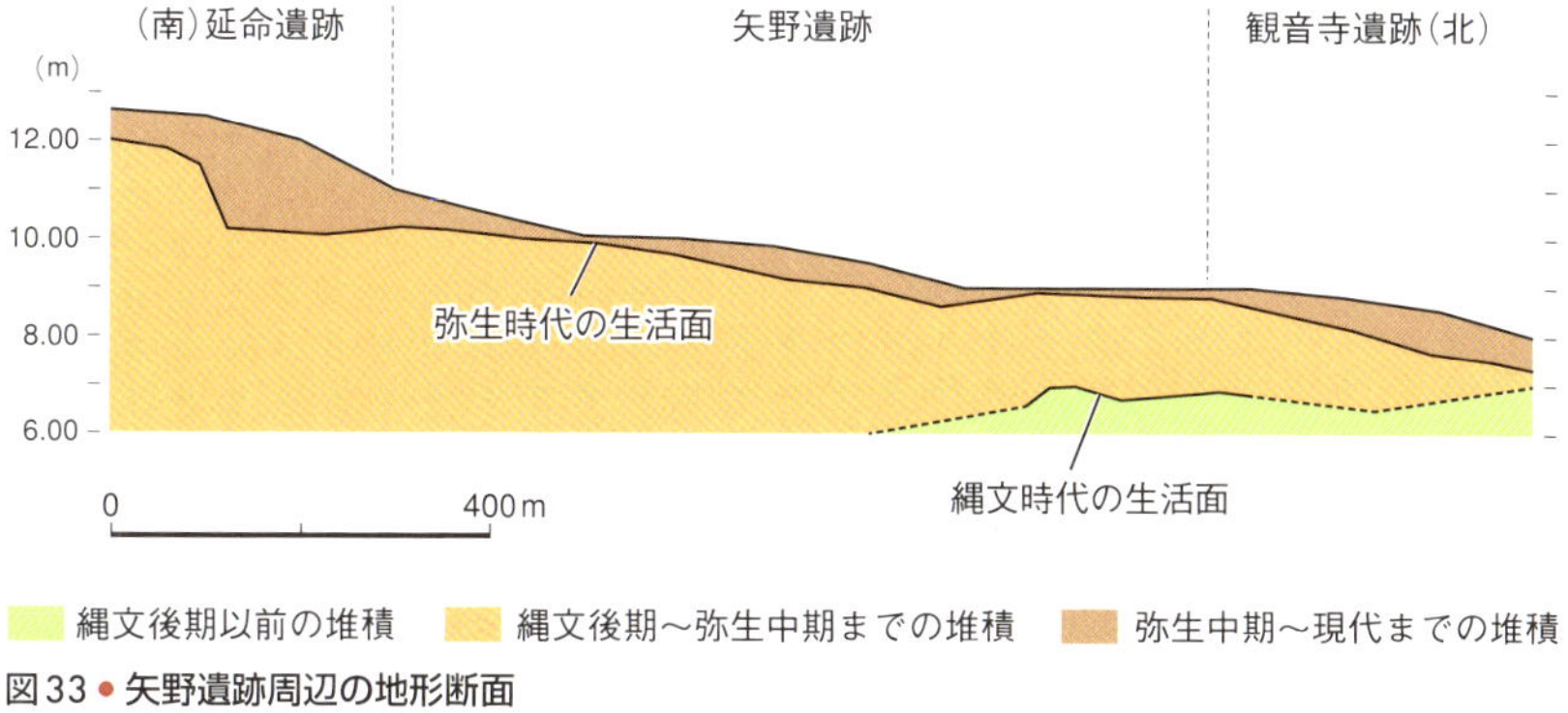

図33● 矢野遺跡周辺の地形断面
鮎喰川扇状地の上流寄りの延命遺跡、矢野遺跡には多くの土砂が堆積している。

期間は人が生活するのには不向きな土地へと変貌していったのである。

鮎喰川流域の遺跡の動向

それではこの時期、矢野遺跡から離れた人びとや鮎喰川の近隣で生活を営んでいた人びとは、どのような場所で暮らしていたのだろうか。鮎喰川の流域には人びとが定着しはじめた縄文時代後期以降、大規模な集落がつくられる地域が何カ所か存在している。もちろん矢野遺跡周辺の鮎喰川の西岸地域もそのなかの一つであるが、それ以外に集落遺跡が集中する地域としては、気延山北麓遺跡群と眉山北麓遺跡群の二つの地域をあげることができる（図34）。

気延山北麓遺跡群は矢野遺跡から北西に三キロほど離れた名西郡石井町の南部を中心とする地域である。この地域は吉野川の支流である飯尾《いのお》川や渡内《わたうち》川が北東方向に向かって流れており、川と気延山の山塊との間に形成された自然堤防状の微高地の上に遺跡が残されている。その中心となるのは石井城《いしいじょう》ノ内《うち》遺跡と清成《きよなり》遺跡である。

眉山北麓遺跡群は矢野遺跡から東へ四キロほど離れた徳島市庄町を中心とした鮎喰川の東岸にあたる地域である。鮎喰川から分流した佐古川や田宮川が北東方向に向かって流れており、こちらでも眉山の山塊と川との間に形成された自然堤防状の微高地の上に遺跡が残されている。その中心となるのは庄《しょう》・蔵本《くらもと》遺跡や名東《みょうどう》遺跡で、周辺には鮎喰《あくい》遺跡や三谷遺跡などが存在する。

二つの地域の遺跡群に共通しているのは、矢野遺跡の存在する鮎喰川西岸地域とは異なって、規模の大きな河川に直接面して集落がつくられていないことである。そのため両地域では、川の氾濫などによって集落に被害が及ぶことがあっても、周囲の微高地へと一時避難することで集落が長期的、継続的に営まれているため、矢野遺跡周辺のように居住に大きな空白期間が生じることがなかったのである。こうした鮎喰川の東西に存在する二つの拠点集落の人びとの動きにともなう離合集散が、その中間の場所に位置する矢野遺跡の集落の消長にも深くかかわっていると考えられる。

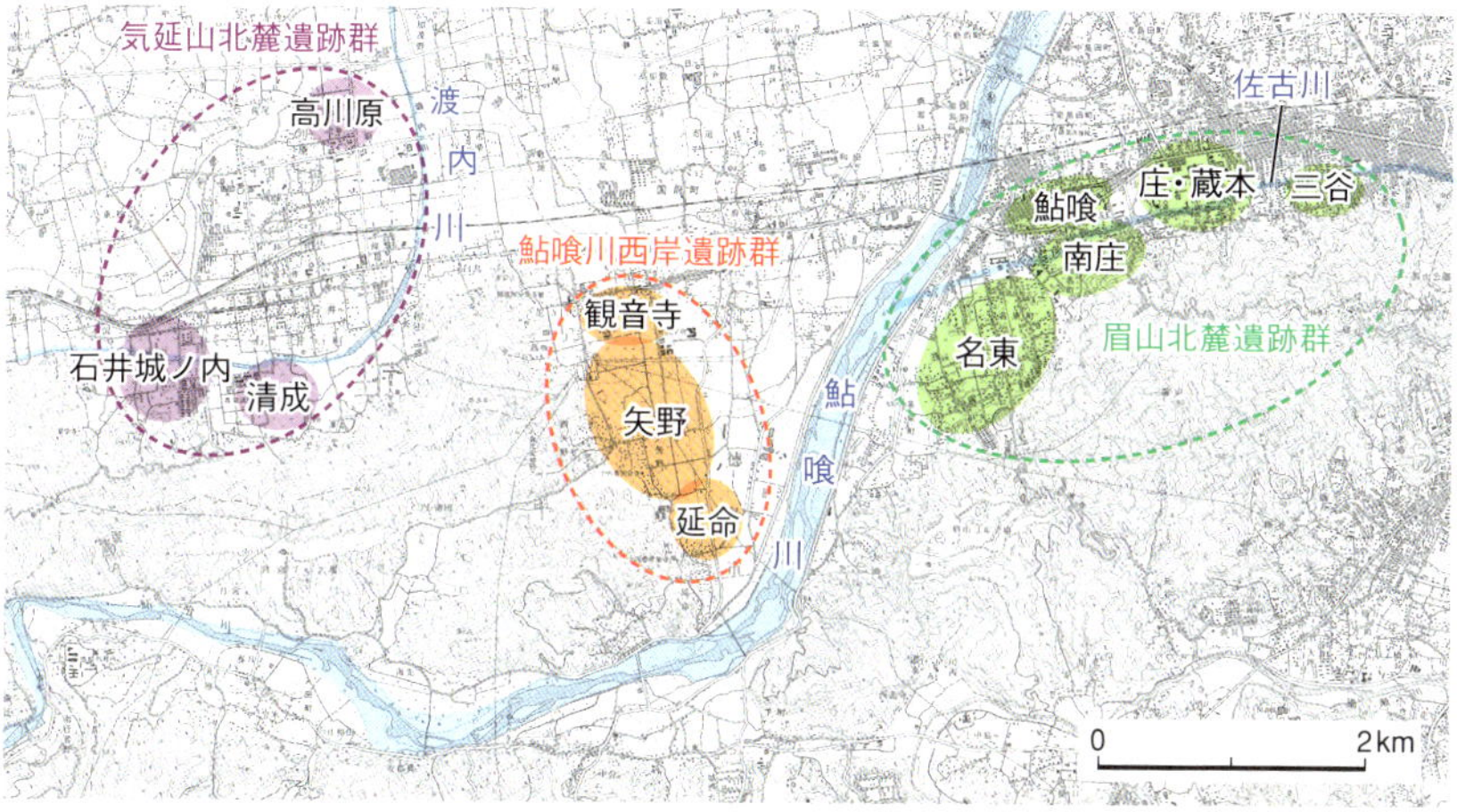

地域	遺跡	時期							
時代		縄文時代		弥生時代					
時期		後期	晩期	前期	中期前半	中期後半	後期前半	後期後半	終末期
眉山北麓地域	三谷遺跡								
	庄・蔵本遺跡								
	南庄遺跡								
	鮎喰遺跡								
	名東遺跡								
鮎喰川西岸地域	観音寺遺跡								
	矢野遺跡								
	延命遺跡								
気延山北麓地域	清成遺跡								
	石井城ノ内遺跡								
	高川原遺跡								

遺構が存在する時期　遺構の数が多い時期　矢野遺跡周辺の空白期

図34 ● 鮎喰川周辺の弥生遺跡

上：気延山北麓集落は吉野川の支流の渡内川の流域、眉山北麓集落は鮎喰川から分流した佐古川の流域にそれぞれ位置している。

下：眉山北麓地域、気延山北麓地域では複数の集落がほぼ全期間にわたって存在しているが、鮎喰川西岸地域では中期後半以外の時期は矢野遺跡のみに集中する傾向がみられる。

縄文から弥生へ

拠点集落が存在していた二つの地域には、もう一つ共通点を指摘することができる。矢野遺跡の集落周辺の地質が扇状地に特有な砂礫を主体としているのに対して、二つの拠点集落周辺の地質はシルトや粘土質の土が中心に堆積していることである。それは縄文時代から弥生時代への変革の重要な要素である水田耕作が可能な低地部や湿地が集落の周囲に広がっていたことを意味している。そのため両地域では弥生時代の開始期から人びとの活動痕跡が多く残されている。

この時期の遺跡の動向をまとめた中村豊によると、吉野川下流域の遺跡では最初の弥生土器（遠賀川式土器）を使用する集団と最後の縄文土器（突帯文土器）を使用する集団が同じ微高地上に同時に集落を営んでいた可能性が高いとしており、

図35●南蔵本遺跡で発見された磨製石器と弥生前期の水田

上：弥生時代に入ると稲刈り用の石庖丁以外に木の伐採や加工をおこなうためのさまざまな石斧類も使われるようになる。

下：南蔵本遺跡では水田とともに堰を設けた灌漑用水路が発見されている。

一定の共生期間を経て本格的な弥生集落が成立するとしている。庄・蔵本遺跡を中心として発見されている弥生時代前期の水田、灌漑施設の遺構、そして大陸に起源をもつ磨製石器類の出現は、新しく技術や人の移動を受け入れながら生活を変化させていった当時の人びとのたくましさを想起させてくれる（図35）。

たび重なる試練

新しい時代の幕開けとともに順調に暮らしのスタートを切ったかにみえた鮎喰川近辺の集落であったが、その道のりはなかなか平坦ではなかったようで、弥生時代前期末ころには再び洪水の試練にさらされることになる。

眉山北麓遺跡群の中心であった庄・蔵本遺跡の水田の上面には厚さが約四〇センチほどの砂の層でおおわれている様子が確認されている。同じような洪水が原因とみられる砂層の堆積は、吉野川中流域の東みよし町大柿《おおがき》遺跡で発見された前期末の水田遺構の上面においても分厚い砂の層の堆積がみられることから、この時期にも吉野川周辺の各地において河川の氾濫にともなう災害がたびたび人びとを悩ませていたことがわかる（図36）。

図36 ● 東みよし町大柿遺跡でみつかった洪水砂の層
吉野川中流域の拠点集落である大柿遺跡では弥生時代前期から後期までの複数の水田面が検出されているが、前期末の水田の上には30～40 cmの洪水砂の層が堆積していた。

第4章　弥生集落の誕生

1　矢野Ⅰ群集落の誕生

再び矢野の地へ

矢野遺跡が弥生時代の集落遺跡として再び脚光を浴びるようになるのは、弥生時代中期後半の時期である。県内の弥生時代集落の集成と地域性の変遷について考察をおこなった近藤玲によると、弥生時代の前期から中期前半にいたるまで遺跡の数は横ばい傾向がつづいていたが、この時期になると数が爆発的に増加するという。鮎喰川流域の遺跡群内においても多くの遺跡が同時に存在していることから、拠点集落を核として周囲への分村化が進められていったと考えられる（**図34参照**）。そのような状況下で矢野遺跡においても大規模な弥生時代の集落が誕生するのである。

中期後半の集落は矢野遺跡の南環状道路調査区のなかでも北半部に、縄文集落の上に重なるように存在している（図17参照）。南北約一〇〇メートルの範囲に分布しており、私たちは「Ⅰ群集落」とよんでいる。Ⅰ群集落の周囲の発掘調査でも西側の国府変電所地点、東側の国府養護学校地点、そして徳島市教育委員会によっておこなわれた周辺地点からも同じ時期の竪穴住居が検出されており、居住地点が複数存在していることが明らかとなっている。また北に隣接する観音寺遺跡からも一〇〇メートルほどの距離をおいて二八軒の竪穴住居がまとまって発見されているので、それらすべてを合わせると中期後半の集落は、およそ南北四〇〇メートル、東西六〇〇メートルほどの範囲に広がっており、一〇〇軒をゆうに超える竪穴住居が順次建てられていたと考えられる（図37）。

集落のなかの建物

集落を構成している建物には竪穴住居と掘立柱建物がある。竪穴住居は四二軒が検出されており、平面形状は円形のものと方形や長方形のものの二種類が存在しているが、床の面積が三〇平方メートルを超えるような大型の竪穴住居の形状は円形に限られている。集落の南北両端の部分は浅いくぼ地や流路などの低い地形となっているため、竪穴住居は中央の微高地部分にまとまるように建てられている。

もう一つの掘立柱建物は、わずかに二棟が検出されるにとどまっており、竪穴住居群の北側の一画に並ぶような配置で建てられている。建物の規模はすべての形状が確認されている1号掘立柱建物は梁行《はりゆき》が一間、桁行《けたゆき》が六間を数え、未調査部分の残る2号掘立柱建物についてもほ

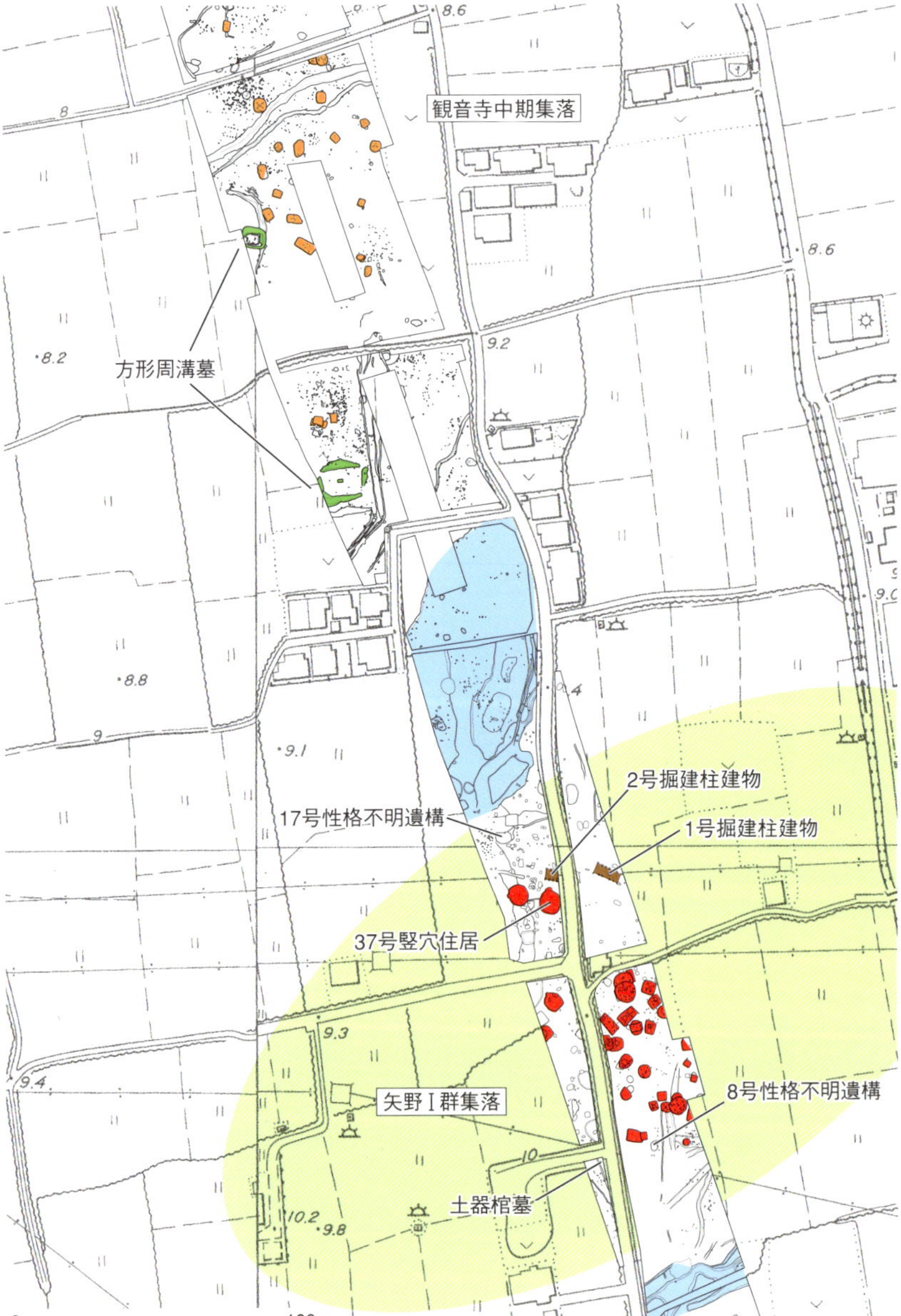

図37 ● 中期後半の集落の広がり
北には観音寺集落が存在しており、100ｍほど南に矢野Ⅰ群集落が広がっている。

ぼ同様の大きさであるとみられる。床面積は三五平方メートルと大型の竪穴住居とほぼ変わらない規模であるが、建物周辺や柱穴内から出土する遺物は少なく、どのような目的で利用された建物であったかは不明である。

10(いちまる)形中央土坑

この時期の竪穴住居では屋内につくられる炉の形状に変化が生じている。弥生時代のはじまりから中期前半期までの住居内につくられる炉といえば、中央部に浅い穴が一カ所掘られており、内部に焼土や炭が残されているものが一般的であったのが、中期後半ころになると円形の穴とその横に長楕円形の浅い穴がともなうという特異な形状の炉が出現する(図38)。二つの形状が数字

図38 ● 10形中央土坑
上：手前の竪穴住居には10形中央土坑、奥側の竪穴住居は通常の円形の炉が床面の中央部に設置されている。
下：竪穴住居の中央に掘られた円形土坑の横に浅い溝状の土坑がセットになって検出される。

の「10」に似ていることから10（いちまる）形中央土坑とよばれており、このような形状の炉は徳島県内だけではなく香川県、岡山県、兵庫県などの東部瀬戸内地域においてもつくられている。ただし集落内の竪穴住居のすべてが10形中央土坑のような炉をつくっているわけではなく、従来の形状の炉も同時に使用されつづけているため、竪穴住居内においておこなわれる作業内容の差に応じてつくり分けられた可能性が考えられる。

廃棄された土器

集落の周辺部には多くの遺物を廃棄した場所が数カ所存在している。集落の南端に近い部分で検出された8号性格不明遺構は長軸が三・五メートル、短軸が二・五メートルの楕円形の土坑で深さは約六〇センチあるが、その埋没中の土のなかには多くの土器類が廃棄されていた。捨てられていた土器は大型の壺など完全な形に復元できるものが多いことや、掘り込みの深さが周辺の竪穴住居より明らかに深いことから、もともとは井戸として使われていた可能性が考えられる（図39）。このほかにも調査がおこなわれた範囲内からは弥生時代の井戸とみられる遺構が数基発見されているが、いずれも深さは一メート

図39 ● 井戸内の調査の様子
井戸の中央には多くの土器が棄てられており、図面に記録しながらとり上げていった。

ル未満程度と掘り込みは浅い。

また集落の北端に近くで検出された17号性格不明遺構は幅が六メートルを超えるくぼ地状の浅い落ち込みであるが、そのなかから大量の土器や石器などが捨てられているのが発見された。土器がぎっしりとすき間もないような状態で捨てられていることから、短期間の間にまとめて廃棄されたものと考えられる（図40）。

中期後半の集落が営まれていた時期には近畿、瀬戸内地方を中心に「凹線文《おうせんもん》」とよばれる装飾を施した土器が一世を風《ふう》靡《び》する。17号性格不明遺構から出土した多くの土器も同時期のものであるが、壺、甕《かめ》、鉢、高杯《たかつき》といった主要な器種の口縁部や脚部などの各所に凹線文が施されている。土器に対する文様装飾も凹線文土器の時期は多様化しており、凹線文を多条化させて壺の頸《くび》の部分にも施し、列点文《れってんもん》や櫛描文《くしがきもん》、スタンプ文などと組み合わせることで文様構成をより華やかにしている。また直口壺《ちょっこうつぼ》、無頸壺《むけいつぼ》や、把手《とって》の付いたジョッキ形土器など形状のバラエティーも豊かである（図41）。

集落と墓

この時期の墓と推定できる遺構はごく少数である。確認さ

図40 ● 土器が大量に捨てられた落ち込み
Ⅰ群集落の中ではもっとも多くの土器や石器類が棄てられていた場所である。

れているのは甕を横に倒した状態で収めた土坑が三基あり、小児用の土器棺墓であると考えられている（図42）。これだけ大規模な集落であるのに成人の葬られた墓がみつからないことは不思議に思われていたが、それはI群集落の周辺から発見された。

矢野遺跡に隣接した観音寺遺跡の南端、つまりI群集落のすぐ北に位置する地点からは方形周溝墓が

壺

甕

鉢

高杯

図41 ● I群集落から出土した中期後半の土器
中期後半の土器は凹線文による表面への装飾が目立つとともに、壺や鉢などの器種に大型品が多くつくられている。

二基発見されている（図37・43上）。一つは周囲をとり囲む溝の四隅がすべて切れているタイプの方形周溝墓で、その溝の外周をさらに一条の溝がとり囲んでいる。全長は長軸方向が約一一メートル、短軸方向が約九メートルで埋葬主体部は残っていなかった。もう一つの方形周溝墓も同じく周囲をとり囲む溝の四隅が切れているタイプで、全長は長軸方向が約二二メートル、短軸方向が約一八メートルとかなり規模が大きい。中央部には長軸が二メートル、短軸が一・二メートル、深さ三〇センチの長方形の埋葬主体部が検出されているが、人骨や副葬品などは検出されなかった。どちらも墓の長軸方向がほぼ東西方向を指向していることや、周囲をめぐる溝内からも同じ弥生時代中期後半の土器が出土していることから、Ｉ群集落と同時期に造営されたものとみられる。

またＩ群集落の西側の国府変電所地点に近接した、よつまた地区の調査では集石墓とみられる土坑が一基検出されている。幅一・二メートル、深さが二五センチの楕円形の土坑の上面を中心に拳大から人頭大の川原石がまとまっておかれており、その下の層からは炭化物が検出されている。集石のなかには土器片も含まれており、弥生時代中期中ごろのものである。

図42●Ｉ群集落からみつかった土器棺墓
掘り込みの中に横倒しに置かれた甕の口には鉢がかぶせられている。

墓の形と二つの地域

この時期の徳島県内では、方形周溝墓と集石墓の二種類の墓がつくられている（図43）。方形周溝墓は近畿地方を中心として発達した墓で、県内では徳島市名東遺跡や庄・蔵本遺跡などの眉山北麓遺跡群に集中してつくられており、これまでに三〇基を超える数が確認されている。もう一つの集石墓はおもに県内でも内陸部を中心に発見されており、吉野川北岸の段丘上に位置している阿波市桜《さくら》ノ岡《おか》遺跡や椎《しい》ケ丸《がまる》～芝生《しぼう》遺跡などから四基が確認されている。集石墓の分布は吉野川南岸にも広がっており、気延山北麓遺跡群に含まれる名西郡石井町清成遺跡や矢野遺跡の南に位置する延命遺跡からも確認されている。

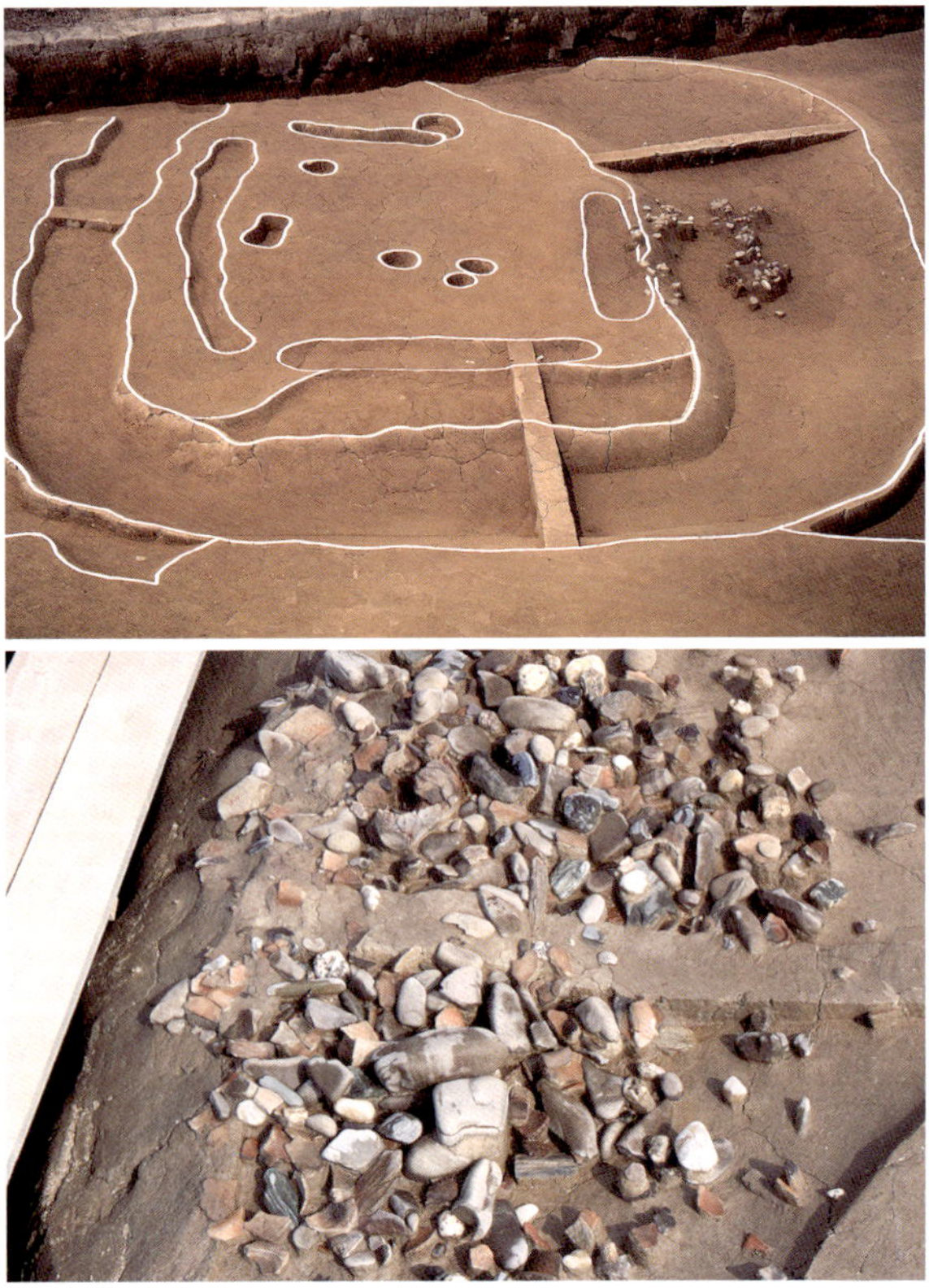

図43 ● 方形周溝墓と集石墓
上：観音寺遺跡から発見された方形周溝墓は、さらに外側に溝が一条めぐらされていた。下：清成遺跡から発見された集石墓は中央部が丘状に高くなっており、石の間に壺が一点納められていた。
どちらの墓からも埋葬された人骨が検出された例は県内ではない。また墓に納められた副葬品なども発見されていないため、どのような階層の人物が埋葬されたのかは不明。

二種類の墓の分布は吉野川の上流地域（集石墓）と下流地域（方形周溝墓）とに分かれる傾向が指摘でき、その両方の墓制が分布するのが矢野遺跡の存在する国府町周辺である（図44）。一つの集落内において二つの異なる墓制が存在している理由としては、矢野遺跡に隣接した東西二つの拠点集落（気延山北麓遺跡群と眉山北麓遺跡群）との密接な交流や移動が考えられる。つまり矢野遺跡におけるⅠ群集落の成立には、東西の拠点集落からの人びとの移動を考慮する必要があるだろう。

2　集落内の活動

石器組成の特徴

この時期の遺跡から出土するおもな道具は石器であり、残された石器組成から集落の内外でおこなわれていた生業活動が推定できる。

Ⅰ群集落は県内の他の集落とは少し異なった石器組

図44 ● 徳島県内の2種類の墓の分布
なぜ吉野川の上流と下流で異なる墓をつくっていたのかは、隣接する香川県や徳島県南地域との比較をおこないながら考える必要がある。

成を示している（図45）。吉野川下流域の中期から後期初頭の集落では、石鏃や石庖丁といった狩猟具や収穫具が組成の六〇〜八〇パーセントを占めているのに対して、Ⅰ群集落内では四〇パーセント未満にとどまっており、かわって敲石《たたきいし》や砥石《といし》が約五〇パーセントとその中心を占めている。敲石や砥石は道具を製作するための石器であるため、食料生産だけではなく、道具生産に重点をおいた作業が集落内ではおこなわれていたようである。

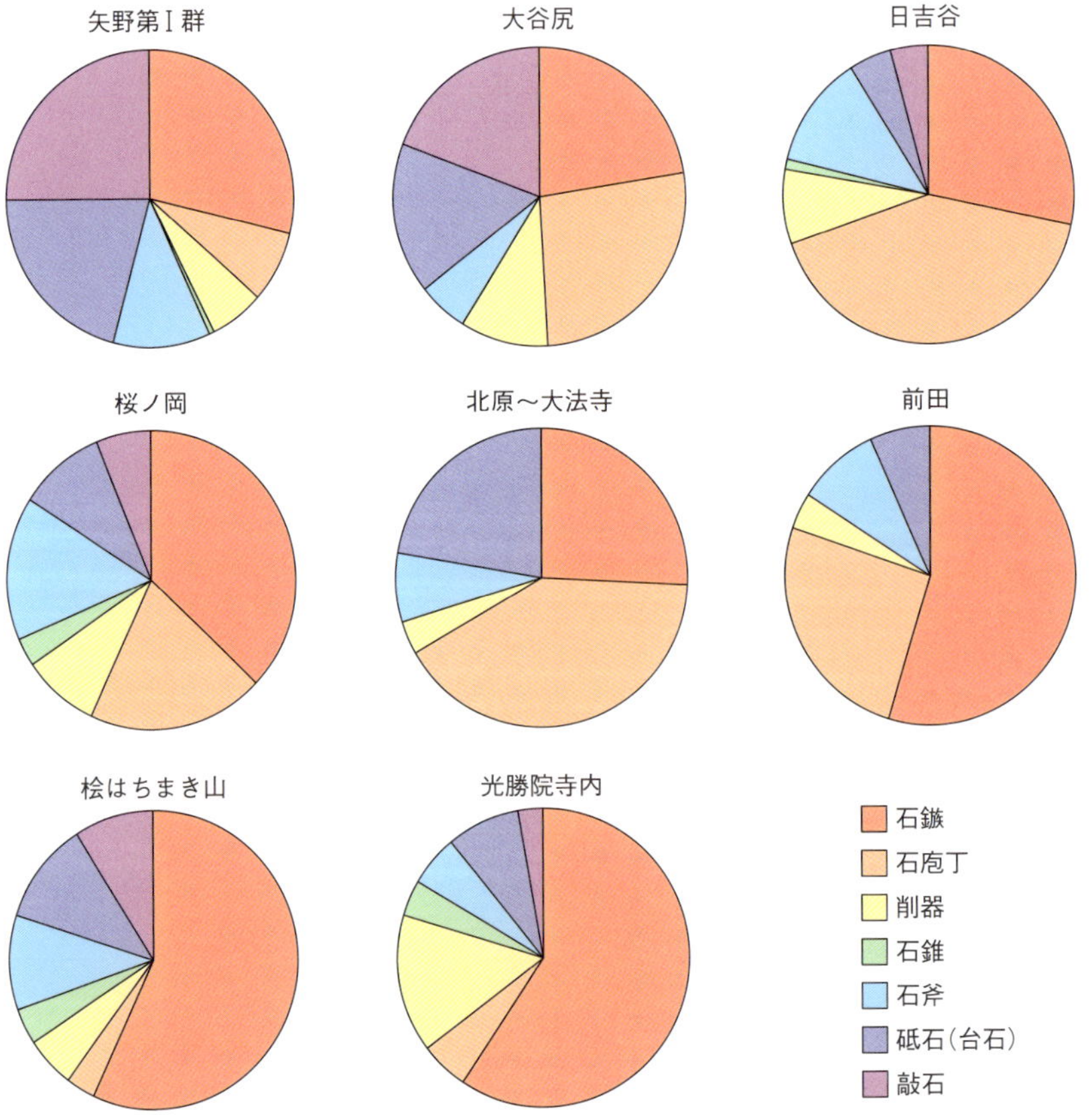

図45 ● 弥生時代中期の主な遺跡の石器組成
吉野川中流から下流にかけての遺跡ではいずれも石鏃（狩猟具）や石庖丁（収穫具）の割合が高い。いずれの集落も石器に使用する石材はサヌカイト、結晶片岩、緑色岩と同一であることを考えると、矢野Ⅰ群集落の組成の違いは際立っている。

弥生中期の石材の動き

石器の主要な石材には香川県金山産のサヌカイトが利用されており、石鏃や石庖丁、削器などの道具へと加工されている。遺跡のもっとも増加する弥生時代中期後半ころ、サヌカイト製石器は鮎喰川流域の遺跡のみにとどまらず、徳島県内のほぼ全域の遺跡から出土しており、縄文時代以来つづくサヌカイトロードを基盤とした流通網を通じて、物資や人の往来が盛んであったと考えられる（**図46**）。

またそれとは逆にこの時期に徳島県から香川県側の遺跡に搬出された石器の例として、結晶片岩や緑色岩を素材とした石斧類をあげることができる（**図47**）。サヌカイトが鋭利な刃部を必要とする石器に使用されたのに対して、結晶片岩や緑色

図46 ● Ⅰ群集落から出土した石器
上：サヌカイトを原料とした剥片は石鏃や石錐など鋭い刃先や縁辺をもつものへと加工されている。
下：一方、敲石、石斧などの加工具は砂岩や結晶片岩などが原料となっている。

岩は木材の伐採や加工をおこなうための石斧製作に適した石材である。原料となる石材が産出するのは吉野川より南の三波《さんば》川帯や御荷鉾《みかぶ》帯とよばれる地質帯地域であるが、鮎喰川の上流付近では両方の石材の採取が可能である。I群集落を含む鮎喰川下流の集落において石斧の製作が盛んにおこなわれており、吉野川北岸や香川県内の集落へと大量に供給されている（図48）。

鉄器の導入と製作

鉄器は大陸から導入された新しい道具であり、徳島県内でも弥生時代中期中ごろの遺跡から出土が確認されている。中期後半から後期初めのI群集落では石器が道具の主体であるが、二軒の竪穴住居を含む六カ所の遺構のなかから合計三八点の鉄器類が出土している。鉄器の生産は中期末の北九州地方において最初に大陸から製作技術が導入されているが、それから時間を経ることなく徳島にもその技術が伝えられており、I群集落内において鉄器の加工がおこなわれていたことが調査の結果明らかとなった。37号竪穴住居は床面積が四七平方メートルと集落内では最大規模の竪穴住居で、その床面中

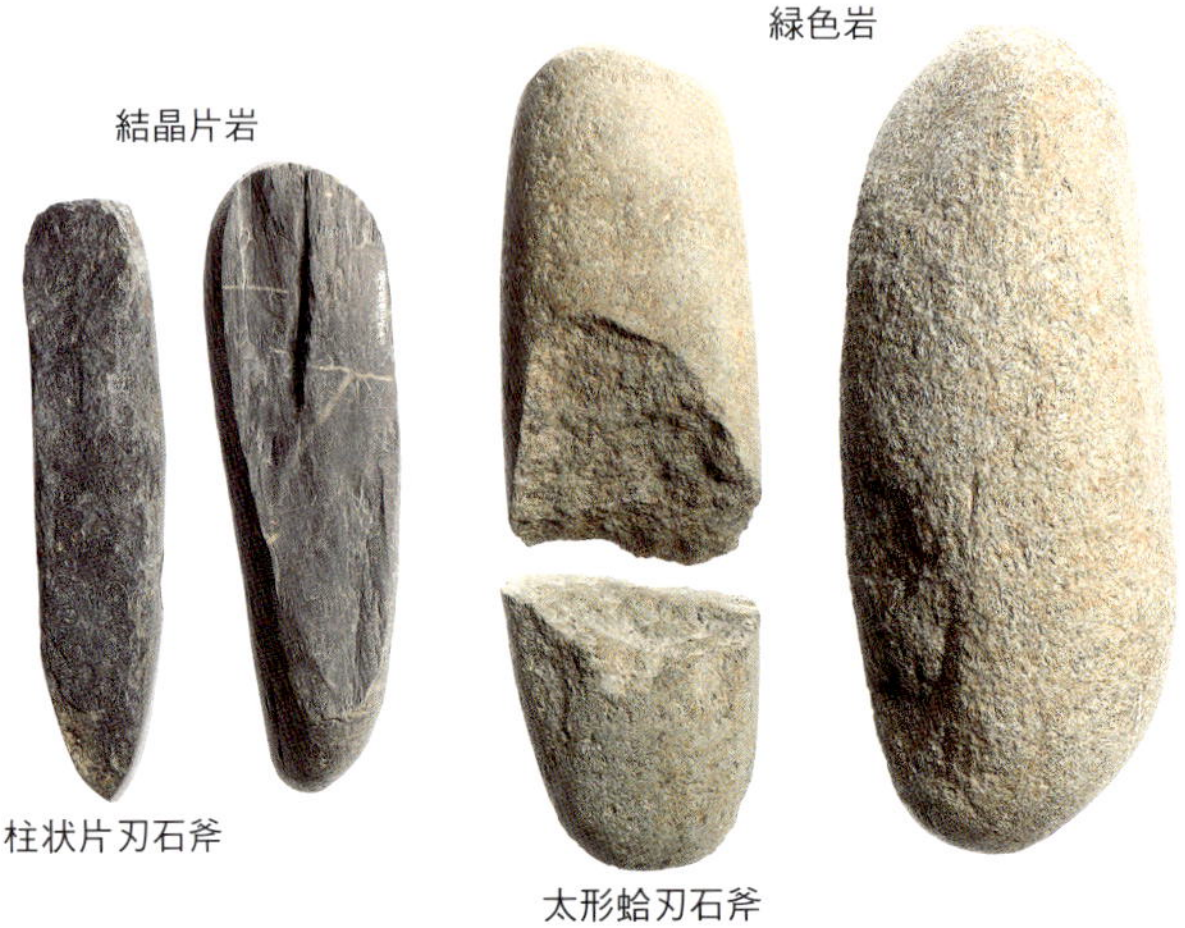

図47 ● 集落内から出土した石斧とその未製品
集落内に持ち込まれた長さ20～30 cmほどの大きさの結晶片岩と緑色岩は、敲打、研磨の作業工程を経て柱状片刃石斧や太形蛤刃石斧に仕上げられていく。完成した斧は各地へ持ち出されたと考えられる。

央部からは鍛冶作業をおこなうためにつくられた炉が発見された。この鍛冶炉は中央部に長さ約一二〇センチ、幅が約六〇センチの楕円形の土坑と、その両側に長さが約一五〇センチ、幅が約五〇センチの長楕円形の土坑が二基並行するようにみつかっている（図49）。竪穴住居の中央部に土坑をならべるように設置していること、また燃焼部の平面形状が長楕円形であることなど、10形中央土坑と共通点が多い。

鍛冶炉周囲の床面からは板状鉄斧《ばんじょうてっぷ》や三角切片、棒状切片、鉄滓《てっさい》など金属類とともに、金《かな》床石《どこいし》、石槌《いしづち》、砥石などの鉄器の製作に使用した道具類も出土している。鍛冶炉の調査を担当した栗林誠治は、徳島県内の弥生集落から出土した鉄器関連資料の再評価をおこない、矢野I群集落の37号竪穴住居と同時期に鳴門市光勝院寺内《こうしょういんじない》遺跡や徳島市名東遺跡などにお

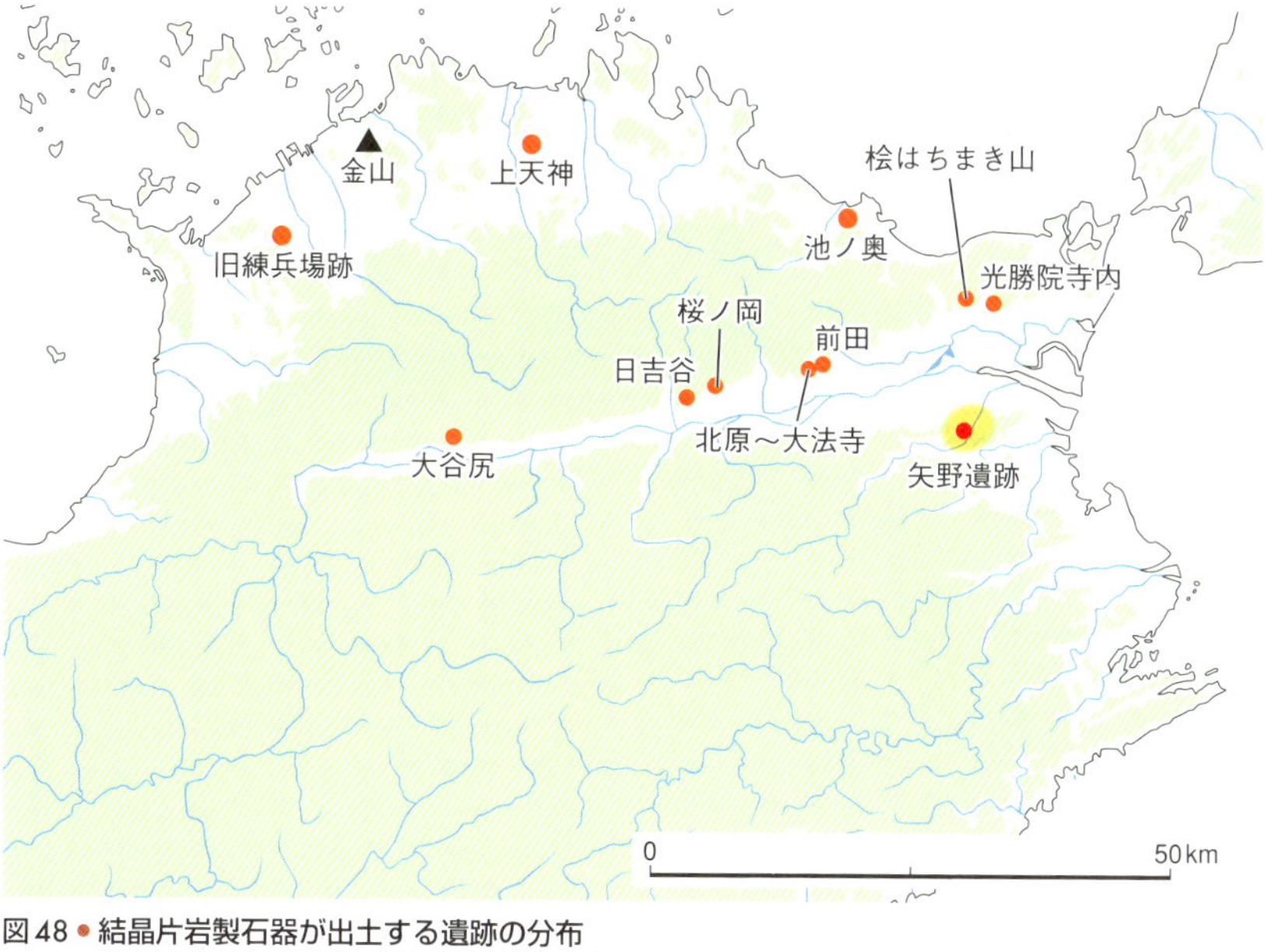

図48 ● 結晶片岩製石器が出土する遺跡の分布
金山産のサヌカイトは瀬戸内地域を中心として広く使用されており、徳島県内ではほぼ全域での使用がみとめられる。一方、吉野川の南岸で産出する結晶片岩や緑色岩は鮎喰川流域の集落において加工された後に、吉野川北岸や香川県内の集落に搬出されたと考えられる。

いても同様の鍛冶炉を備えた竪穴住居が存在していることを指摘し、吉野川下流域の弥生社会においては鉄器の普及と同時に生産技術も導入され、拠点集落を中心とした流通のネットワークが確立したと述べている。

工房住居

鉄器の製作がおこなわれた37号竪穴住居からはサヌカイト製の石鏃製作関連遺物、ガラス玉、管玉などの装飾品類、赤色顔料（水銀朱）の付着した砥石、糸を紡ぐための紡錘車《ぼうすいしゃ》なども出土しており、集落にとって重要な物産類の製作拠点であったと考えられる（図50）。

また同様に10形中央土坑を備えた竪穴住居からも、砥石の出土やサヌカイト製石器の製作が集中しておこなわれている傾向が読みとれるため、これらの建物についても居住用としてだけではなく、鉄器や石器を含めたさまざまな製品を製作する作業

図49 ● 鉄器を製作した竪穴住居と鍛冶炉
右上：住居内から出土した鉄。加工前の部材や鉄片が残されていた。
右下：竪穴住居は外側の円形部分から内側の円形部分へと建て替えられており、中央部の炉もそれにともなってつくり替えられている。
左下：鍛冶炉の断面をみると、保温・保湿のために炭が何層にも重なっている。

場としての性格を兼ね備えていた可能性が考えられる。

Ⅰ群集落の暮らし

前章でものべたが、矢野遺跡は扇状地の砂礫層の上に立地しているため、集落の近郊で大規模な水田をつくることは困難であったと考えられる。発掘調査においても弥生時代の水田跡は発見されていない。水田のかわりに畑作による農耕をおこなっていた可能性も否定はできないが、Ⅰ群集落からは収穫道具の出土が少ない一方で、敲石や砥石の出土が卓越するという石器組成のアンバランスさ、工房住居を中心とした鉄器、石器、その他の物産類の生産状況などを考えると、いまのところは農村集落とはかけ離れたイメージしか浮かばない。

Ⅰ群集落は東西両隣に気延山北麓遺跡群と眉山北麓遺跡群という二つの拠点集落が存在しており、鮎喰川の上流には石斧原料の良好な採取地点を控えていた。人びとはこうした地の利をいかして物流

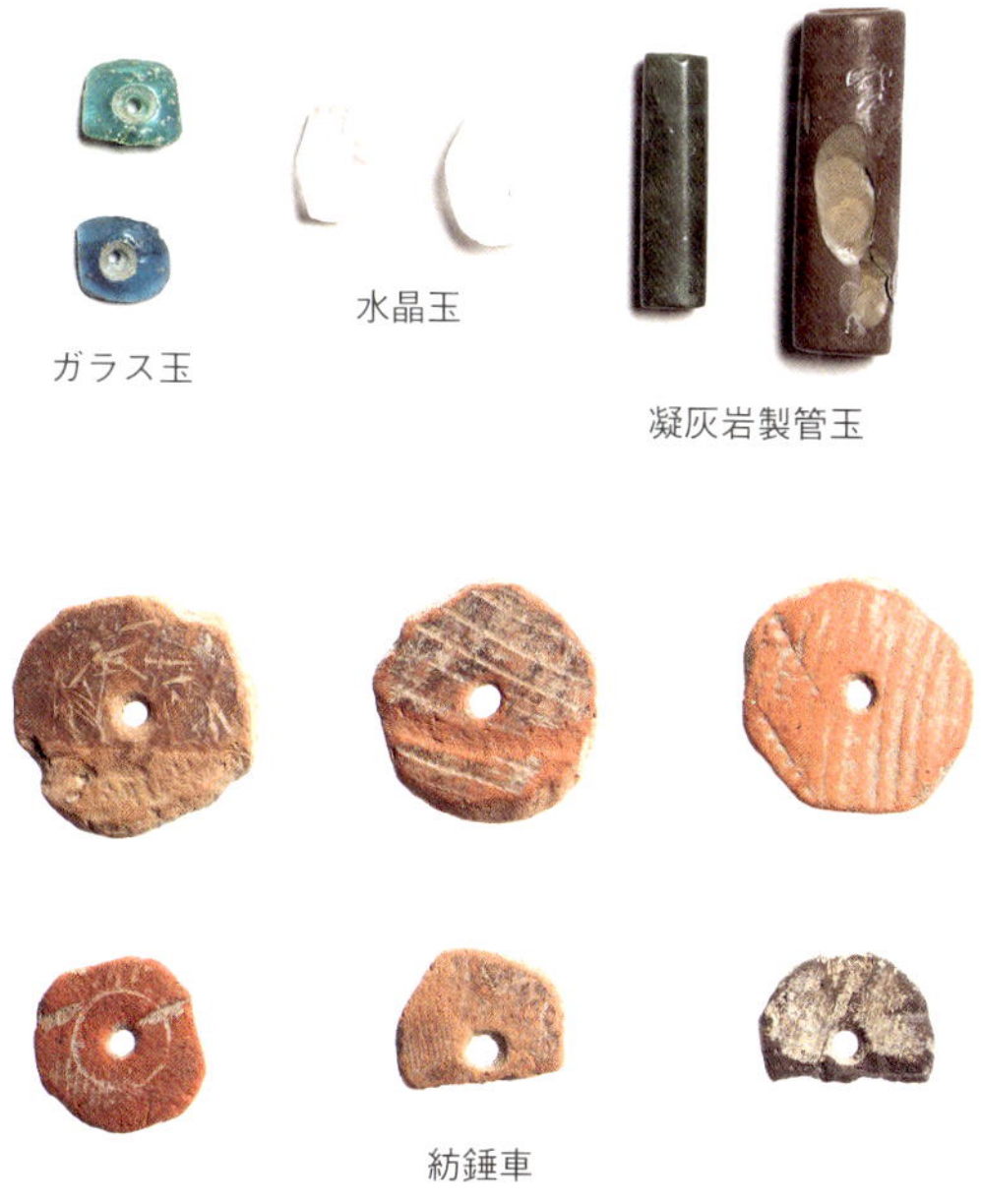

図50 ● **工房住居内からの出土遺物**
37号竪穴住居は重要な物産類の製作拠点であったと考えられる。

のネットワークを構築し、農耕以外の労働、ここで考えられるのは鉄器や石器などの生産とその搬出を糧《かて》とした生活をしていたのかもしれない。I群集落全体が工房的意味の強い集合体なのか、それとも調査のおこなわれた一角に工房的性格の住居が集中していただけなのか、その全容の解明には今後も引きつづき慎重な検証が必要であろう。いずれにしても水田耕作に適さない土地にわざわざ集落を構えたのは、鮎喰川沿いがこうした原材料の入手や生産品の流通に好適な地であったからであろう。

3 I群集落の消滅

徳島県内出土の青銅器

弥生時代を代表する金属器といえば、だれもが青銅器を思い浮かべるのではないだろうか。徳島県内からも銅剣、銅鏡など、さまざまな青銅器が出土しているが、もっとも出土数の多いのは銅鐸である。現在、出土した銅鐸の数は四〇口を超えており、旧国単位ごとの出土数では阿波地域は出雲や紀伊に次ぐ多さである。そのなかでも鮎喰川流域からは合計九口が出土している。とくにI群集落が営まれていた弥生時代中期後半から後期初めにかけての時期には、矢野銅鐸を除いた八口の銅鐸が近畿地方およびその周辺地域からもたらされており、鮎喰川流域の周辺集落が共同で農耕に関連する祭祀に使用していたと考えられる。

埋められた銅鐸

この時期に鮎喰川流域から銅鐸が出土しているのは、名東遺跡から一口、源田《げんだ》遺跡からは三口、安都真《あづま》遺跡からは四口である。

銅鐸は、古いほうから菱環鈕式《りょうかんちゅうしき》・外縁付鈕式《がいえんつきちゅうしき》・扁平鈕式《へんぺいちゅうしき》・突線鈕式《とっせんちゅうしき》の四形式に大別して編年されている。扁平鈕式までは振り鳴らされたことが明らかなので「聞く銅鐸」、突線鈕2式以後は鳴らされることがないために「見る銅鐸」ともよばれる。鮎喰川流域から出土した銅鐸は扁平鈕式が七口とほぼ大半を占めており、一口のみ突線鈕1式が源田遺跡から出土している。大きさは約二〇から五〇センチと小形で、いずれも鐸身内に舌《ぜつ》とよばれる金属や石の棒をつるして銅鐸を揺り動かすことで音を鳴らした「聞く銅鐸」に分類されるものである（図51）。

銅鐸の埋められていた場所は、名東銅鐸が方形周溝墓の並ぶ墓域の一角であるのに対して、安都真遺跡と源田遺跡は鮎喰川に面した山の斜面部で、集落や墓域とは別のまったく条件の異なる場所であるようにみえる。しかし名東銅鐸の出土した場所は眉山北麓遺跡群のなかではもっとも鮎喰川の上流部分の集落の南端の地点、安都真遺跡と源田遺跡は矢野遺跡を含む鮎喰川流域の集落群からみて南端にあたる地点に埋められていることから、いずれの埋納場所ともに生活域との境界となる場所を意識して埋めたものと考えられる（図52）。

また銅鐸以外の青銅器が、瀬戸内地域に分布の中心をもつ型式の銅剣が源田遺跡から一本、そして鮎喰川のさらに上流部である神山《かみやま》町左右山《そうやま》遺跡と東寺《ひがしでら》遺跡からそれぞれ二本、合計五本出土しており、青銅器を入手するにあたっていくつもの地域と交流していたことがわかる。

名東遺跡出土

源田遺跡出土

安都真遺跡出土

図 51 ● 鮎喰川周辺から出土した銅鐸
扁平鈕式銅鐸は複数で埋納される例が多くみられるため、祭りでの使用も複数の銅鐸を同時に使用していたのかもしれない。

I群集落の解体

多くの「聞く銅鐸」の埋納がおこなわれた前後の時期を境に、I群集落内には新たに竪穴住居がつくられることはなく集落は終焉へと向かう。鮎喰川流域に点在していた多くの集落も姿をひそめ、竪穴住居が密集していた拠点集落においても数軒単位の小規模なまとまりが分散しながら存続するように変化していく。まさに「聞く銅鐸」の埋納こそは、鮎喰川流域の弥生中期の集落の解体を象徴する出来事といえる。

この時期を境として西日本地域では島根県や岡山県、香川県などで銅鐸への信仰が失われてしまうようであるが、鮎喰川流域をはじめとする徳島県においては、引きつづき巨大化した「見る銅鐸」を使用した祭祀が後期に入ってもおこなわれている。

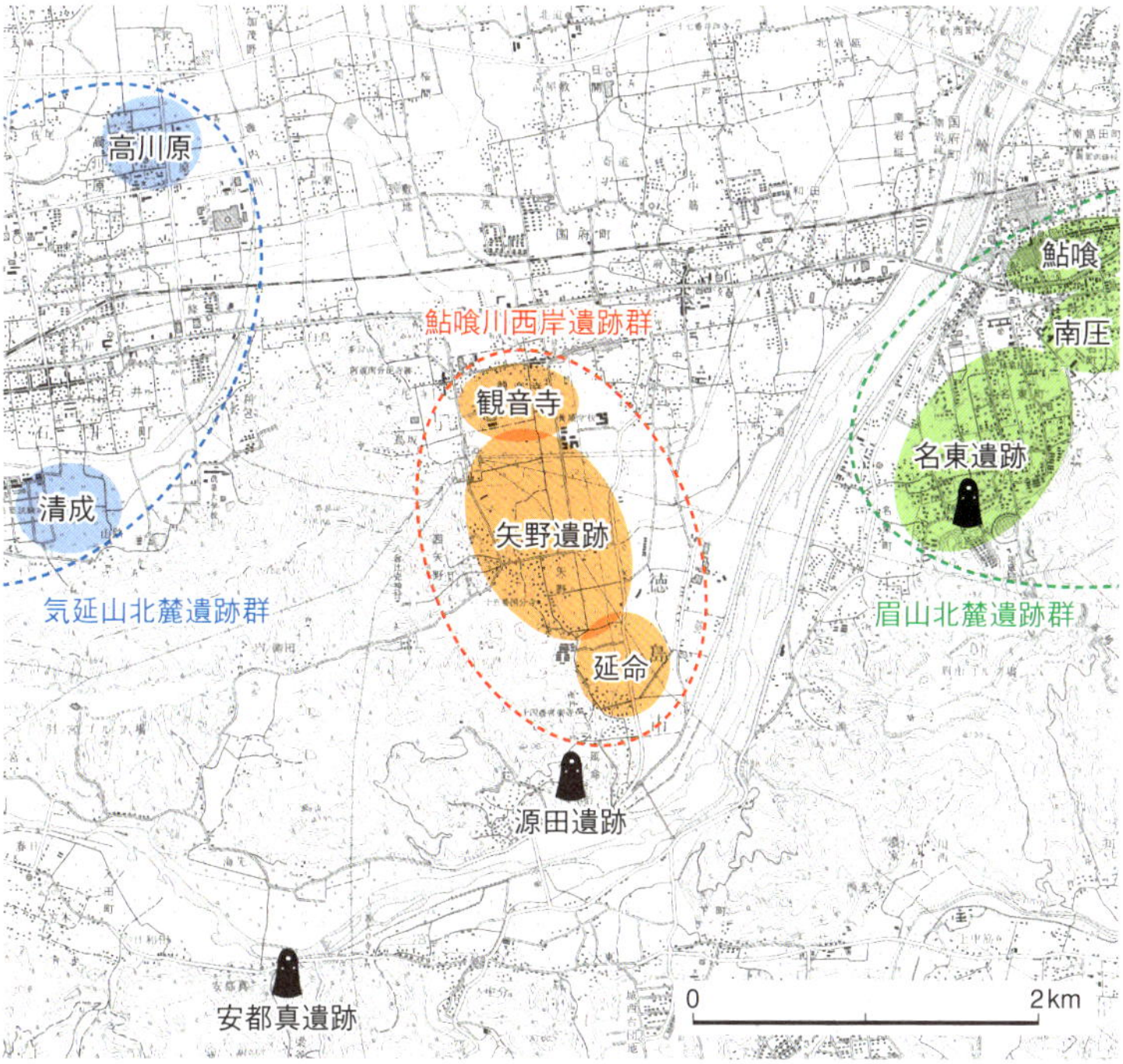

図52 • 鮎喰川周辺の銅鐸出土地点
銅鐸は鮎喰川の流れに沿うように埋納されている。この時期には銅剣の埋納された上流の左右山遺跡、東寺遺跡も合わせると5カ所の遺跡に相次いで青銅器が埋められていったことになる。

第5章　巨大銅鐸を埋めた集落

1　矢野Ⅱ群集落の成立

新しい集落の成立

弥生時代後期に入ると矢野遺跡では集落の位置が大きく南へと移動する。Ⅰ群集落の南限であった河川よりも、さらに南の微高地につくられた後期の集落を「Ⅱ群集落」とよんでいる(図53)。

Ⅱ群集落は発掘調査のなかで確認された範囲としては、南北約七〇〇メートルに広がっており、六三軒の竪穴住居が検出されている。集落のつくられた場所は鮎喰川扇状地の上流部により近いところであるため、中期後半のⅠ群集落にくらべると標高は最大で四メートルほど高い場所に存在している。しかし分流した鮎喰川の流れが何本も集落内を横断しているため、竪穴住居は小規模な微高地の上に分散するようにつくられている。後期の竪穴住居は国府変電所地点と南環状道路調査区の中間地点の発掘調査においても、その存在が確認されているため、II群集落を含めた弥生時代後期の集落は中期後半のI群集落よりも二倍以上の範囲に広がっていたと考えられる（図17参照）。

2　集落の様相とその変遷

拡大していく集落

I群集落がおもに中期後半のみという短い期間で成立から終焉までを迎えたのにくらべると、II群集落は後期全般にかけて営まれており、弥生時代の終末ころまで存続している。成立当初の後期前半ころは、竪穴住居が小規模な微高地ごとに二軒程度が建てられているだけの小さなまとまりでしかなかったのだが、後期後半になると数が急増して五、六軒前後のまとまりへと居住単位が拡大していく。集

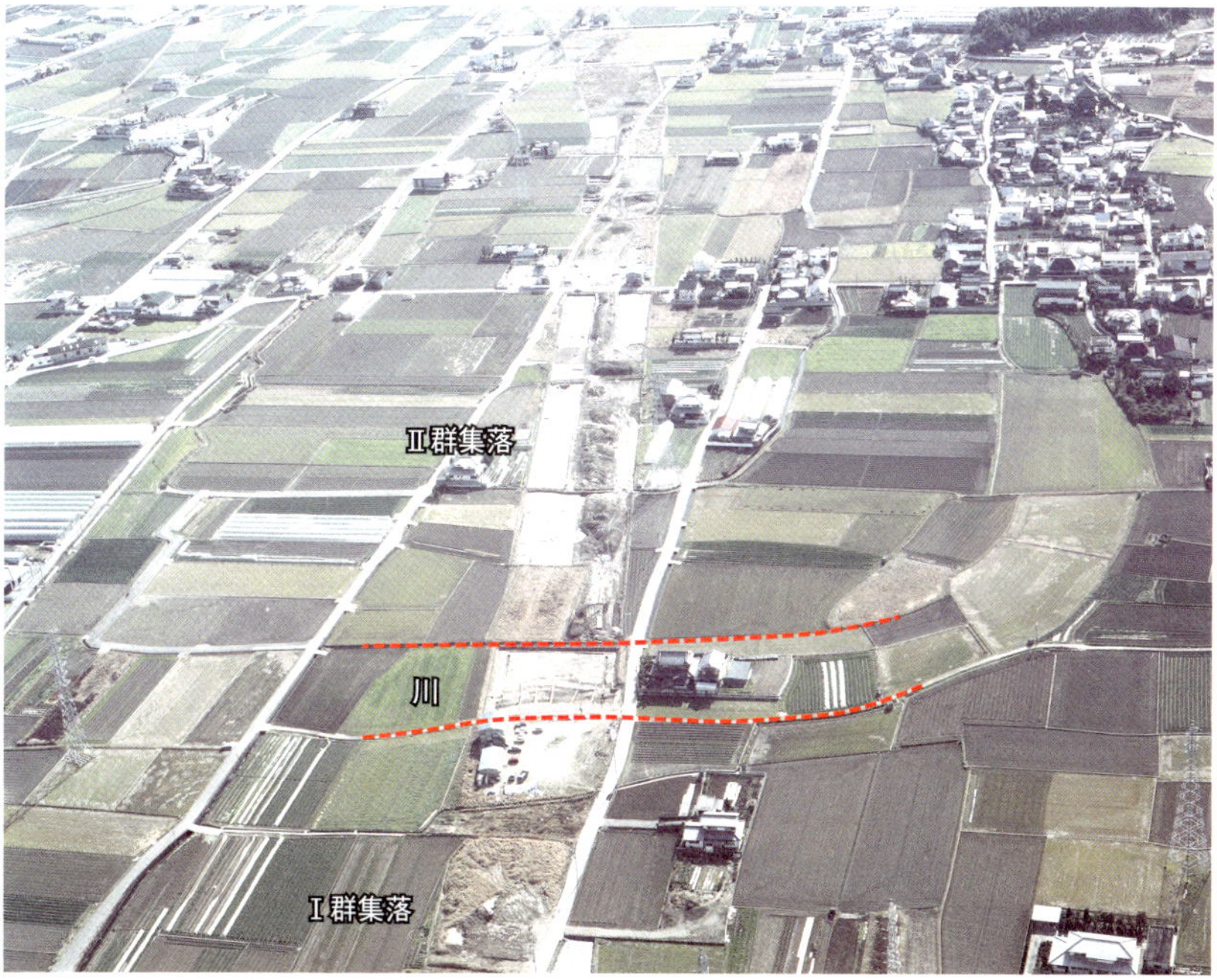

図53●北側からみたII群集落の調査地点
I群集落とII群集落の間を横切るように当時は川が流れていた。

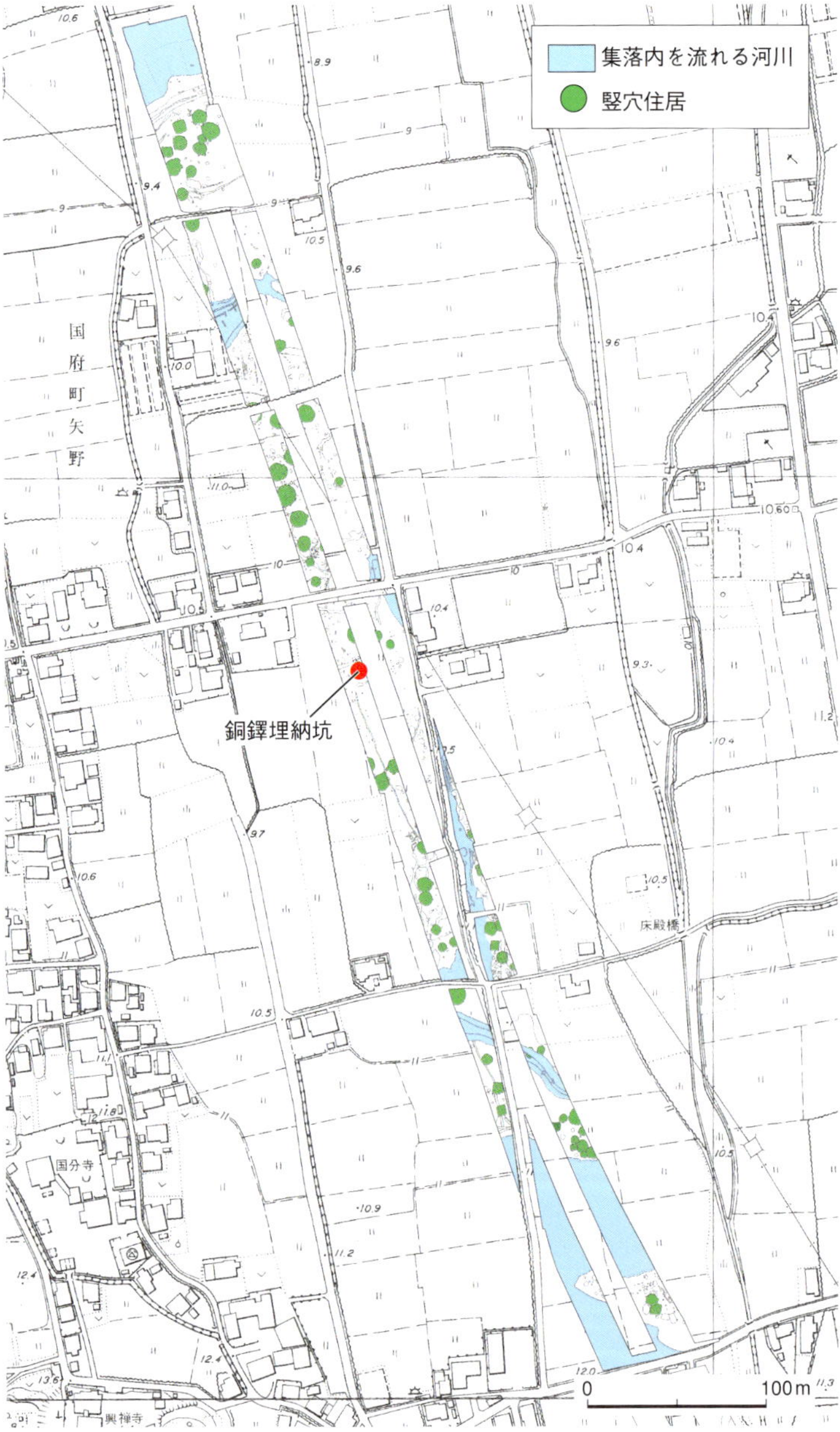

図54 ● Ⅱ群集落の竪穴住居の分布
銅鐸埋納坑をほぼ中心として南北両側に多くの竪穴住居が建ち並んでいる。

落の規模のピークは後期後半から終末期にかけてのころであり、四〇軒を超える数の竪穴住居が相次いで建てられた（図54）。

張出し付き住居

調査区内で検出された建物はすべて竪穴住居で、掘立柱建物は現在のところ確認されていない。竪穴住居の平面形状はⅠ群集落では円形と方形・長方形の数がほぼ拮抗しているのにくらべると、Ⅱ群集落では後期から終末期のすべての時期において円形が主体であり、方形・長方形のものは少数にとどまっている。また円形住居のなかには幅が一〜三メートル、奥行きが一〜二メートル程度の方形突出部が付属した「張出し付き住居」が存在している（図55）。

張出し付き住居は、中期後半ころに東部瀬戸内地域において出現し、Ⅰ群集落においても四軒が確認されているが、Ⅱ群集落においては後期後半から終末期にかけて数が増加しており、全体の約二〇パーセントにあたる一四軒が検出されている。張出し部が付属するのは平面形状が円形のものに限られており、その数も一カ所だけでなく二カ所の場合もある。この張出し部

図55 • 張出し付き住居
張出しの規模はさまざまで数については1カ所または2カ所がもっとも多くみられる。つくられる場所や方向については矢野遺跡では規則性は看取できなかった。

分がどのような役割をもっていたのかについては、物置や作業空間などの諸説が存在するが決め手がない。

大型化する竪穴住居

竪穴住居は平面形状だけでなく、規模についても大きな変化がみられるようになる。Ⅰ群集落においては床面積が四〇平方メートル以下のもので占められており、それ以上の規模のものは大きさの復元が可能であった二三軒の内でわずか二軒しか存在しない。

ところがⅡ群集落では、初期の後期前半の時期についてはⅠ群集落と同様に四〇平方メートル以下の竪穴住居が主体だが、後期後半以後から終末期にかけての時期になると床面積が六〇平方メ

	時期	軒数	竪穴住居の床面積（㎡）					
			20 未満	40 未満	60 未満	80 未満	100 未満	100 以上
Ⅰ群集落	中期後半	23	12	9	2	0	0	0
Ⅱ群集落	後期前半	13	7	5	1	0	0	0
	後期後半	24	5	8	7	3	0	1
	終末期	25	3	14	3	4	0	1

図56● 竪穴住居の床面積の変化
上：Ⅱ群集落内には大型（手前の円形）と小型（奥の方形）の竪穴住居が相次いで建てられている。
下：Ⅰ群集落（中期後半）にくらべてⅡ群集落（後期前半～終末期）の竪穴住居は、小型（20㎡未満）の数が減少して大型（60～100㎡以上）の数が増えている。

ートルを超える大型の住居が、全体のうち三〇〜四〇パーセントを占めるようになる。なかには一〇〇平方メートルを超えるような竪穴住居も存在しており、集落内での大型建物の割合が時間の経過とともに増加している（図56）。こうした竪穴住居の規模の大型化は、集落内において人口がしだいに増加したことをあらわすと考えられる。

墓制の変化

矢野遺跡の南側に位置する延命遺跡は奈良・平安時代の集落や水田跡などが中心の遺跡であるが、川をはさんだ一角から弥生時代後期後半の墓が発見されており、II群集落の墓域として利用されていたと考えられる。墓の構成は中期後半にみられたような方形周溝墓などとは異なり、周囲に石列をめぐらせた墳丘墓が一

図57 ● 延命遺跡から発見された弥生後期の墓
延命遺跡では中期後半から後期にかけての遺構がみられるが、竪穴住居は少なく矢野遺跡の縁辺部の墓域として使用された可能性が考えられる。

基と、その周囲に大型の壺を安置して鉢を蓋として使用した土器棺墓が一一基検出されている。

中心となる墳丘墓の平面形状は円形で、推定される規模は直径約一八メートル、墳丘の高さは残存値で約〇・五メートルである。北側と東側の二カ所には張り出し部とみられる列石が確認されている。墳丘内には埋葬施設が三カ所つくられており、もっとも大きな1号竪穴式石槨は掘り込みの規模が長さ約三メートルであり、床面の西側部分には赤い顔料が検出されている(**図57**)。

つくられた墓の規模や形の違いは、そこに葬られた人の社会的な身分の違いを示していると考えられており、この墓域以外に葬られた人たちの存在もあわせると、身分や階層差が集落のなかにおいて存在していたようである。

3 道具の変化

消える石器、使われつづける石器

利用される道具は後期に入ると大きく変化していく。住居内から出土したおもな石器と鉄器の数をまとめてみると、石鏃や石斧の数の減少が著しいのがわかる(**表1**)。これにかわるように鉄鏃や鉄斧の数が徐々に出土するよ

表1● Ⅱ群集落の石器と鉄器の出土数

集落	時期	石鏃	石斧	敲石	石庖丁	砥石	鉄鏃	鉄斧	その他の鉄器類
Ⅰ群集落	中期後半	56	21	48	15	40	0	1	16
Ⅱ群集落	後期前半	1	1	0	21	15	2	0	0
	後期後半	2	0	0	28	10	9	1	9
	終末期	0	0	0	18	22	4	0	43

うになっており、狩猟具（武器）や木材加工具については素材に変化がみられる。

減少や消失していく石器がある一方で、存続する石器の代表例として石庖丁をあげることができる。集落周辺において採取可能な石材である結晶片岩を素材とした石庖丁はⅡ群集落の全期間にわたって存在しており、稲の収穫具については鉄器が普及しはじめてもその数を減らすことなく使用されつづけたようである（図58）。

後期の土器の変遷

中期後半の土器は施される文様の構成が豊かであったのにくらべると、後期の土器は壺や甕などの口縁部に施されていた凹線文が消失して簡素な文様が主体となってくる。器種の

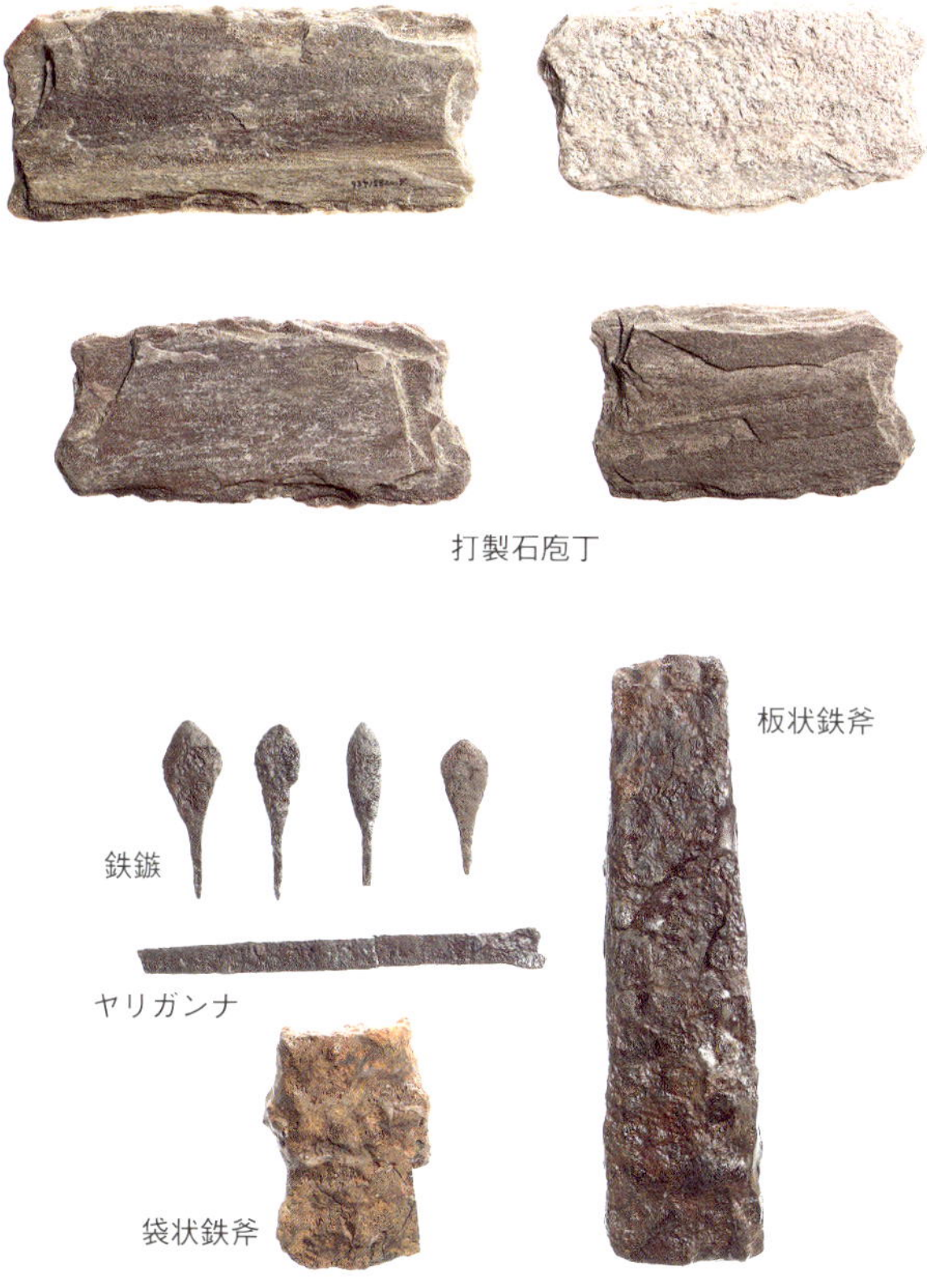

図58 ● Ⅱ群集落から出土した石器と鉄器
上：結晶片岩製の打製石庖丁は両側に紐をかけるためのえぐりが入れられている。
下：もっとも多く出土した鉄の道具は鉄鏃で、その他にヤリガンナ、袋状鉄斧、板状鉄斧など木材加工のための道具類が出土している。

終末期の土器（壺）

後期の土器（壺）

終末期の土器（甕）

後期の土器（甕）

終末期の土器（鉢）

後期の土器（鉢）

図59 ● Ⅱ群集落から出土した弥生時代後期と終末期の土器

構成も壺、甕、高杯、鉢などの基本的な器種のなかに占める大型品の割合も減少していく。つづく終末期ごろになると、鮎喰川流域周辺の遺跡からは形が球状を指向した薄形の壺や甕が多く出土するようになる（図59）。菅原康夫によって「東阿波型土器《ひがしあわがたどき》」と命名された一群の土器は、原料となった粘土のなかに結晶片岩の粒が混ぜ込まれているもので、作られた土器のプロポーションに統一性がみられることから、製作に専門の集団がかかわっていた可能性が指摘されている。

その後、石井城ノ内遺跡や清成遺跡から東阿波型土器の原料を採取したとみられる粘土採掘抗や粘土を廃棄した遺構、焼き損じの土器などが発見されたことから、これらの土器は気延山北麓遺跡群において集中的に生産された可能性が有力となっている。Ⅱ群集落の住居内からも三〇パーセントを超える量の東阿波型土器が出土しており、鮎喰川下流域の集落を中心として広く流通していたようである。

4　銅鐸の埋納とムラの終焉

「見る銅鐸」と徳島の弥生社会

Ⅱ群集落に暮らす人びとにとって、矢野銅鐸は重要な祭祀道具として使用された。この時期、突線鈕式とよばれる一群の銅鐸は徐々に巨大化して、「聞く銅鐸」から「見る銅鐸」へと変貌していく。

「見る銅鐸」はおもに東海地方から近畿地方にかけて存在していたが、やがて分布の範囲は近畿地方とその周辺部へと徐々に縮小していく。四国地方では徳島県の沿岸部地域および高知県東半部が「見る銅鐸」を最後まで保持しつづけていた。

　徳島県内における「見る銅鐸」の分布（図60）をくわしくみると、鮎喰川流域の矢野銅鐸と庄・蔵本遺跡から出土した突線鈕式銅鐸の飾耳（図61）以外にも、旧吉野川流域の檜《ひのき》銅鐸、勝浦川流域の多《た》家良《から》銅鐸、那賀川流域の八貫渡《はちかんわたし》銅鐸などが知られている。なかには現存していないものも含まれるが、大きさが一メートル前後の巨大な銅鐸が出土していたことが残された記録からわかっている。

「見る銅鐸」は徳島の弥生時代後期社会のなかでは、河川流域ごとに暮らしていた集落群＝地域の共同体のシンボルとして保持されていたようであり、矢野銅鐸もII群集落のみならず鮎喰

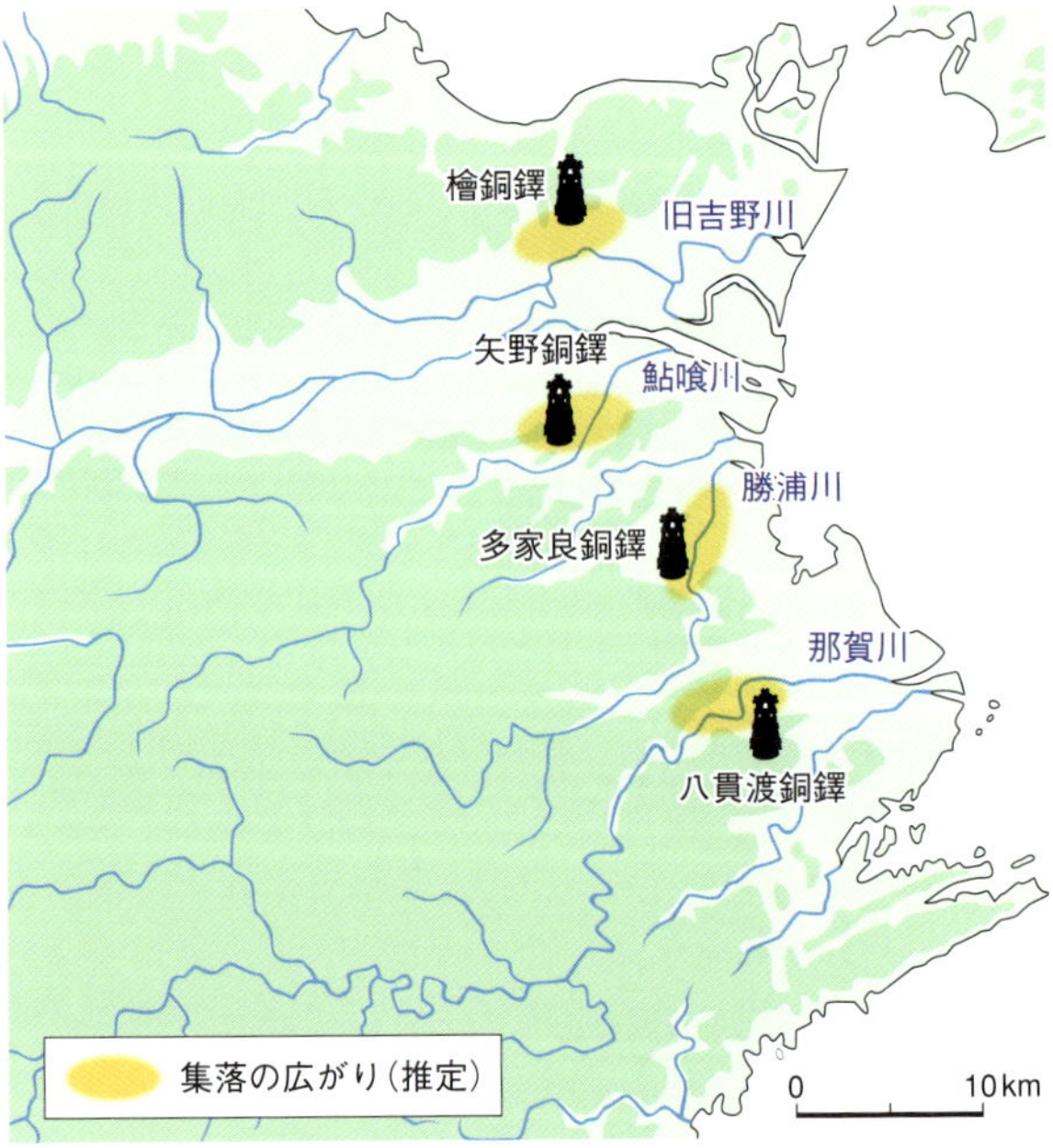

図60 ● 徳島県内出土の突線鈕式銅鐸の分布と弥生集落の関係
今のところ突線鈕式銅鐸の中でも大型のもの（見る銅鐸）は海岸沿いの平野に面した集落付近でしか確認されていないことから、海上ルートを通じて近畿地方の勢力と交流していたと考えられる。

川流域に営まれていた集落にとっての共有財産であったと考えられる。

いつ、どんな場所に矢野銅鐸は埋められたのか？

矢野銅鐸が注目された理由の一つとして、集落内に埋められていたことを冒頭に述べた。それは集落のなかのどのような場所にあたるのだろうか。矢野銅鐸の埋められた時期と推定される後期後半から終末期にかけての銅鐸埋納坑周辺の状況をみていきたい。

南北約七〇〇メートルに広がるII群集落のなかで、銅鐸埋納坑は北端から約三〇〇メートルとほぼ中央に近い場所から発見されている（図54参照）。後期後半の時期には周囲一〇〇メートル以内に八軒の竪穴住居が存在しており、もっとも近い所につくられた竪穴住居とはわずか一〇メートルほどの距離である。終末期になると周囲一〇〇メートル以内には五軒の竪穴住居が存在しているが、もっとも近い場所につくられた竪穴住居との距離は約六〇メートルと離れており、同じ時期の他の遺構も銅鐸埋納坑の周囲から姿を消している（図62）。

図61 ● 庄・蔵本遺跡から出土した銅鐸の飾耳
川のなかから割れた状態で出土した飾耳は中央付近に小さな孔があけられており、ペンダントとして再利用されていた。

また銅鐸埋納坑の周囲からは七本の柱穴がみつかっている。時期を示す土器をともなっていないが同時期のものと仮定した場合、銅鐸を埋めた後に小規模な建物を設けた可能性がある。二度と使うことはないと決めた後であっても、矢野銅鐸は畏敬の念をもってとり扱われ、祠《ほこら》のようなものが建てられたのかもしれない（図63）。

このような状況から推測が許されるならば、矢野銅鐸の埋納は周囲に竪穴住居が建ち並んでいた後期後半ではなく、竪穴住居が周辺につくられなくなった終末期にかけての出来事であったと考えたい。

Ⅱ群集落の終焉と古墳時代の幕開け

矢野の集落にも終わりの時はやって

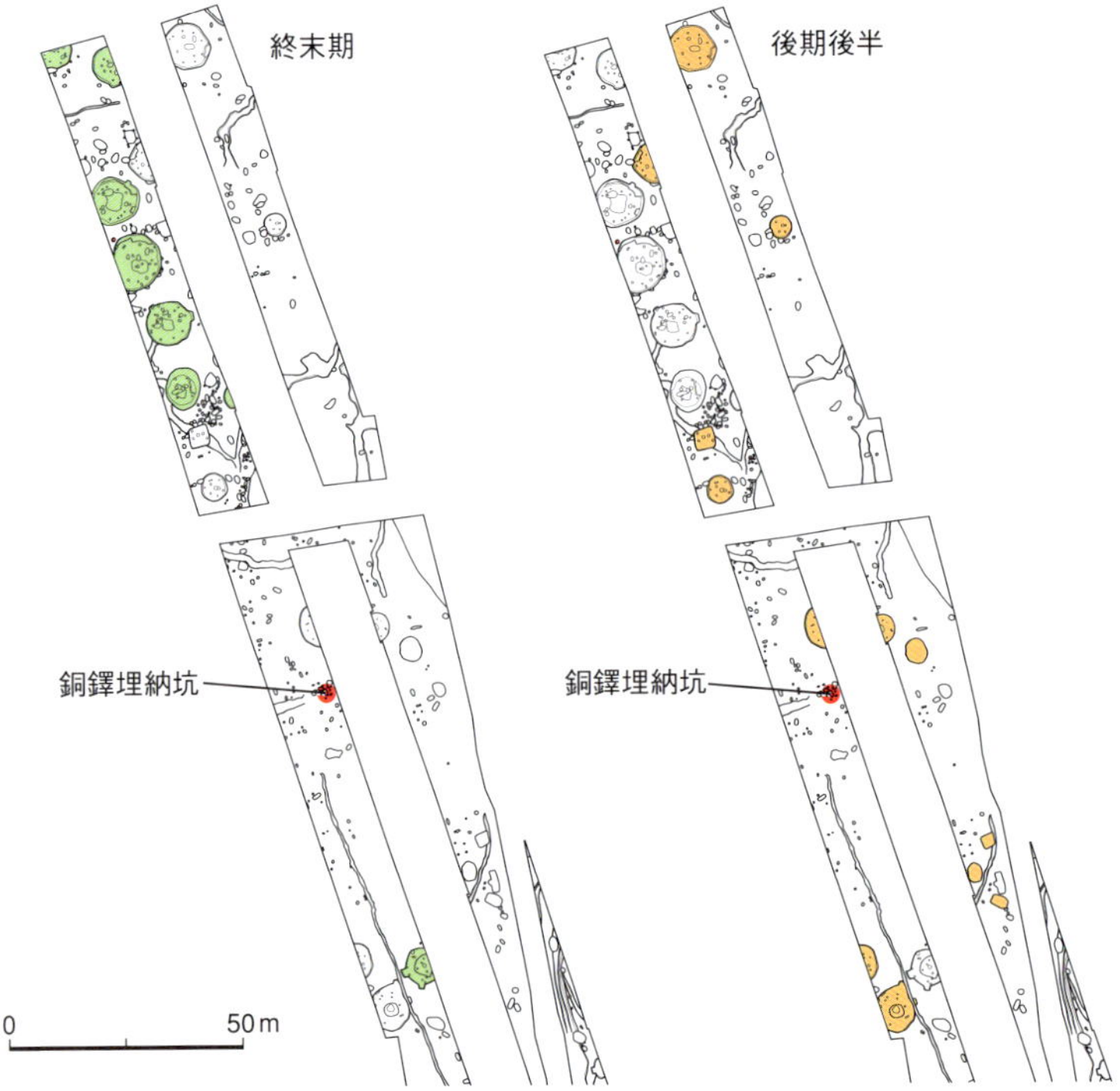

図62 ● 銅鐸埋納坑周辺の竪穴住居の様子
後期後半の時期は銅鐸埋納坑の周囲がもっとも人でにぎわっており、終末期になると銅鐸埋納坑を避けるかのように周囲に竪穴住居は築かれなくなる。

きた。古墳時代のはじまりという大きな転換期をむかえて、気延山の尾根上に徳島県下では最初の前方後円墳である宮谷《みやだに》古墳が築かれたとき、東側の眼下に広がる矢野遺跡にはすでに人の姿はみられなくなっていた（図64）。

矢野遺跡のⅡ群集落の終焉、それはこの地域の弥生時代の終焉と重なる。矢野遺跡を中心とする地域共同体の豊穣を祈り、ときには人びとを統合する機能も果たした銅鐸は、その役割を終えて木製の容器に収められ、丁寧に埋納されることになった。

自然条件に恩恵と試練を受けた縄文集落とくらべると、弥生集落の成立と消滅は自然災害の影響を受けた形跡が顕著ではないことから、社会情勢の変化に左右される面が大きかったのであろう。古墳時代という新しい時代の幕開けとともに、弥生集落のなかに埋められた矢野銅鐸もいつしか忘れ去られ、静かに長い眠りにつくことになった。

図63 ● **銅鐸埋納坑周囲から検出された柱穴**
柱穴は掘り込みが浅いため、簡易な建造物か柵列のようなものであったと考えられる。

図64 ● 矢野Ⅱ群集落と宮谷古墳
徳島県内で最古の前方後円墳である宮谷古墳は気延山の東部、標高約45 mの丘陵上に築かれている。矢野銅鐸の出土地点からは西へ500 mほどの距離で、眼下に矢野Ⅱ群集落をみることができる。

その後の矢野遺跡

Ⅱ群集落が終焉を迎えた後にも、西側に隣接する気延山には多くの古墳が古墳時代の終末まで築造されつづけることから、この地域が鮎喰川流域に暮らす人びとにとって重要な場所と考えられていたことに疑いの余地はない。しかし矢野遺跡の範囲内では、人びとの活動痕跡は残されることはなかった。これについてはまだ調査のおこなわれていない周辺の地点へと集落が分散した可能性と、古墳時代に入っても継続して栄えつづけた気延山北麓と眉山北麓の二つの拠点集落へと移動した可能性などが考えられるのだが、今のところは不明である。

その後、五世紀に入ると矢野遺跡より北へ約一キロに位置する敷地《しきじ》遺跡に大規模な集落が形成されることから、このころには新たな拠点が築かれて人びとの移動があったことが確認できる。再び矢野の地に人びとが暮らしはじめるようになるのは、古代の役所である阿波国府が観音寺につくられたことにともない、人びとが周辺に居を構えはじめる八世紀以後のことである（図65）。

図65 ● 矢野遺跡から発見された平安時代の掘立柱建物
北側の観音寺遺跡に阿波国府が設置されると、矢野遺跡にも再び竪穴住居や掘立柱建物が築かれるようになる。また阿波国分寺の近辺では古代の道路跡も確認されている。

第6章　未来へ伝えていくもの

現地説明会と銅鐸の公開

調査によって全貌が明らかとなった銅鐸は、一九九三年一月八日の新聞などの報道で大きく取り上げられた（**図66**）。そして一月九日、一〇日の両日におこなわれた現地説明会において、埋納されたままの姿で一般に公開された（**図67**）。

時おり小雨も混じった肌寒い天候にもかかわらず、地中からあらわれた巨大な青銅器を一目見ようと、二日間で

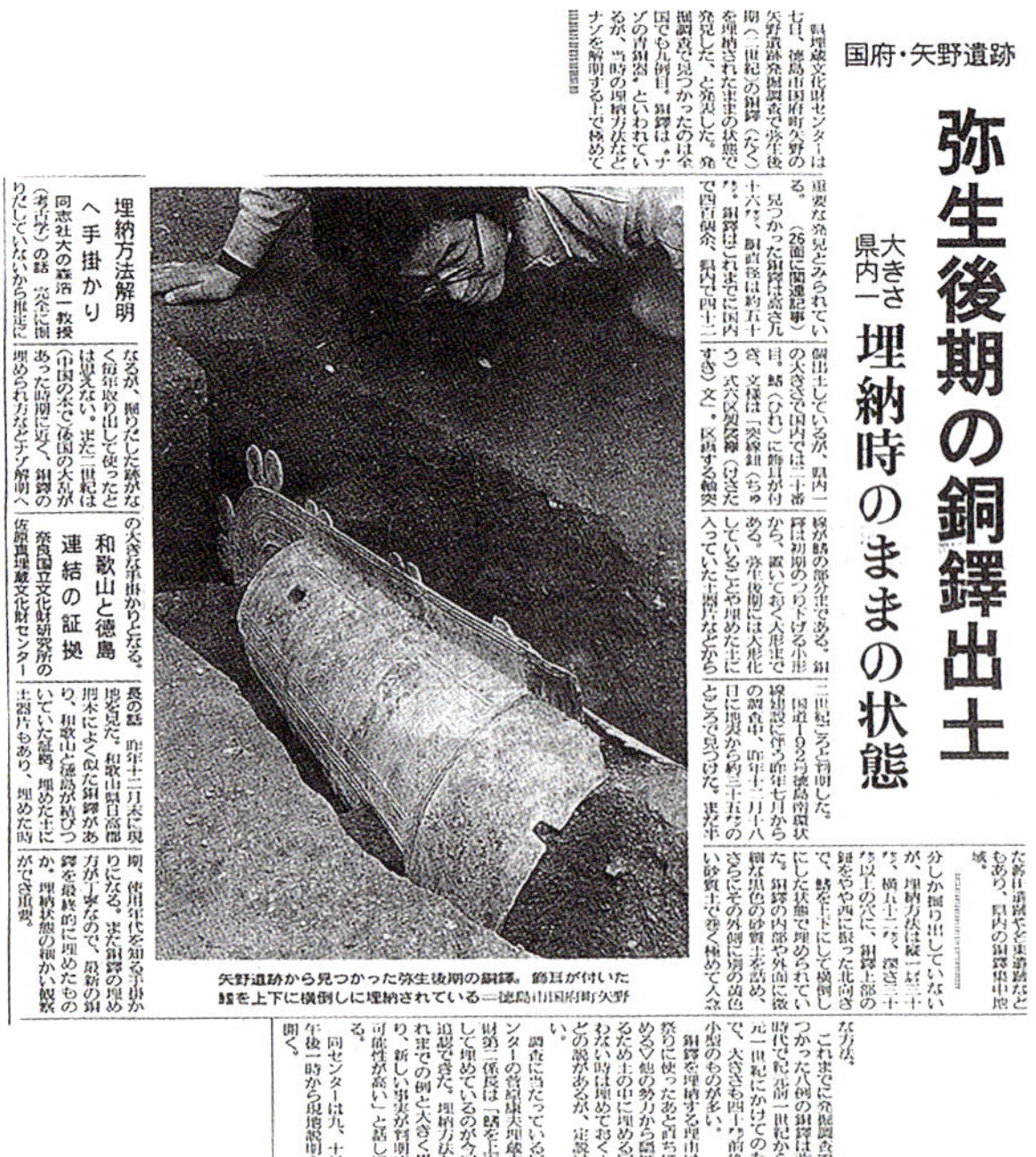

図66 ● 発見を伝える新聞記事
巨大なものであるという迫力を伝えたいという記者からの要望で、筆者が銅鐸をのぞき込んでいる。

二〇〇〇人を超える考古学ファンがつめかけて、遺跡の周辺は大にぎわいとなった。

その後、埋納坑からとり出された銅鐸は、クリーニングを終えた約一カ月後の二月七日に起立した姿で再び展示公開されたのである。当時はまだ小規模なプレハブ仕立てであった財団法人徳島県埋蔵文化財センターの事務所に五〇〇人を超す見学者が訪れて、新聞の報道から一カ月もの日がたっていたのにその関心の高さに驚かされたことを記憶している。

復元された埋納抗

矢野銅鐸の調査において重要視されたのは銅鐸本体のみならず、埋納された状況がくわしく明らかにされた点にあった。そのため建設省（現・国土交通省）、県教育委員会との協議が重ねられた結果、埋納抗およびその周囲の地表を銅鐸埋納時の状態ではぎ取りをおこない、保存・公開するこ

図67 ● 現地説明会の様子
ライトアップされた銅鐸の前では、多くの人が無言でその荘厳な雰囲気を楽しんでいるようであった。

となった。

はぎ取りがおこなわれた埋納坑は、一九九五年一一月に落成した徳島県立埋蔵文化財総合センター（レキシルとくしま）の展示室の一角の床面に調査当時の状態で復元され、見学に訪れた人びとに発見時の臨場感を今も伝えつづけている（図68）。

未来へと伝えていくもの

矢野銅鐸は一九九五年六月一五日、国の重要文化財に、土製仮面は二〇一一年四月二七日、

図68 ● 埋納坑のはぎ取り作業と展示された埋納坑
上：銅鐸をとり出す前の埋納された状態で型取りがおこなわれた。
下：銅鐸埋納坑は周囲の柱穴とともに展示室内に様子が再現された。後方にみえるのは銅鐸を入れていた木製容器の復元である。

徳島県の有形文化財にそれぞれ指定された。銅鐸と土製仮面はキャラクターとしての魅力に富んでおり、郷土の歴史を学びはじめたばかりの子どもたちにも人気が高い考古資料であることから、さまざまな体験行事のなかで活用されている。

その後も県内各地において、多くの弥生時代、縄文時代集落の発掘調査がおこなわれてきたが、矢野遺跡が最大規模の集落遺跡であるという評価は今も変わることはない。二つの遺物は矢野遺跡のシンボルであるとともに、徳島の先史時代を語るうえで重要なキーワードとして考古学・歴史のファンたちを魅了しつづけるだろう。

参考文献

鳥居龍蔵　一九二三「徳島城山の岩窟と貝塚」『教育画報』一六巻五号

森　敬介　一九二五「徳島市水道三谷濾過池に於ける原始独木舟発見の顚末」『歴史と地理』一八巻一号・五号

三木文雄　一九五〇「阿波国源田出土の銅剣銅鐸とその遺蹟」『考古学雑誌』三六巻二号

菅原康夫　一九八七「吉野川流域における弥生時代終末期の文化相」『同志社大学考古学シリーズⅢ　考古学と地域文化』

勝浦康守　一九九〇『名東遺跡発掘調査概要』名東遺跡発掘調査委員会

菅原康夫・藤川智之・氏家敏之　一九九三『矢野銅鐸』（財）徳島県埋蔵文化財センター

磯前順一　一九九四『土偶と仮面・縄文社会の宗教構造』校倉書房

氏家敏之　一九九七「矢野遺跡出土の土製仮面」『考古学ジャーナル』四二二号

東　潮編　一九九八『川と人間—吉野川流域史—』渓水社

勝浦康守　一九九八「Ⅲ 矢野遺跡・阿波国府跡（市道拡幅工事）」『徳島市埋蔵文化財発掘調査概要』八、徳島市教育委員会

村上恭通　一九九八『倭人と鉄の考古学』青木書店

近藤　玲　一九九九「徳島の弥生時代」『徳島県埋蔵文化財センター研究紀要』三号

菅原康夫・梅木謙一編　二〇〇〇『弥生土器の様式と編年（四国編）』木耳社

近藤　玲編　二〇〇一『矢野遺跡（Ⅰ）』（財）徳島県埋蔵文化財センター

中村　豊　二〇〇二「縄文から弥生へ—眉山北麓遺跡群の分析から—」『論集徳島の考古学』同刊行会

藤川智之編　二〇〇三『矢野遺跡（Ⅱ）（縄文時代篇）』（財）徳島県埋蔵文化財センター

古田　昇　二〇〇五『平野の環境歴史学』古今書院

中村　豊　二〇〇五「縄文・弥生集落の地域的展開」『立命館大学考古学論集』Ⅳ

近藤　玲編　二〇〇六『矢野遺跡（Ⅲ）（弥生・古代篇）』（財）徳島県埋蔵文化財センター

磯前順一　二〇〇八「考古学の文化領域論—土面の遺跡組成論をめぐって—」『Contact zone 2』京都大学人文科学研究所人文学国際研究センター

氏家敏之　二〇〇八「吉野川下流域の古地形—徳島市国府町周辺の遺跡群—」『徳島県埋蔵文化財センター研究紀要』七号

徳島県立埋蔵文化財総合センター「レキシル とくしま」

徳島県立埋蔵文化財総合センター「レキシル とくしま」

・板野郡板野町犬伏字平山８６―２
・電話　０８８（６７２）４５４５
・開館時間　９：30～17：00
・休館日　月曜日、国民の祝日、年末年始（12月28日～1月4日）
・入館料　無料
・交通　ＪＲ板野駅より徒歩20分。ＪＲ徳島駅より徳島バス「鍛冶屋原」行きに乗車40分、「犬伏」下車、徒歩5分。車で徳島自動車道藍住ICから10分、高松自動車道板野ICから5分。

埋蔵文化財の保存、活用を図るための拠点施設として一九九五年に開館。矢野銅鐸、観音寺・敷地遺跡出土品などの国指定重要文化財をはじめとして、徳島県内各地の遺跡で調査された考古資料を収蔵、展示している。

徳島県立博物館

・徳島市八万町向寺山
・電話　０８８（６６８）３６３６
・開館時間　９：30～17：00
・休館日　月曜日（月曜日が祝日・振替休日にあたる場合はその翌日）、年末年始（12月29日～1月4日）
・入館料　一般２００円、高校・大学生１００円、小・中学生５０円（祝日・振替休日は無料）。企画展はその都度設定。
・交通　ＪＲ徳島駅より徳島市営バス「文化の森」行きに乗車18分、「文化の森」下車。ＪＲ文化の森駅より徒歩35分。

徳島の歴史と文化、自然について理解ができる総合的な展示施設。考古資料では安都真銅鐸、田村谷銅鐸など多くの青銅器を収蔵、展示している。

徳島市立考古資料館

・徳島市国府町西矢野字奥谷１０―１
・電話　０８８（６３７）２５２６
・開館時間　９：30～17：０（入館は16：30まで）
・休館日　月曜日、祝日の翌日（翌日が土曜、日曜、祝日の場合は開館）、年末年始（12月28日～1月4日）
・入館料　無料
・交通　ＪＲ府中駅で下車、タクシーで10分。徳島バス鴨島方面行き「鳥坂北」で下車、徒歩15分。

徳島市内の遺跡調査で出土した資料を展示。三谷遺跡から出土した貝塚や名東銅鐸、宮谷古墳出土の三角縁神獣鏡などの考古資料を収蔵している。

遺跡には感動がある

――シリーズ「遺跡を学ぶ」刊行にあたって――

「遺跡には感動がある」。これが本企画のキーワードです。

あらためていうまでもなく、専門の研究者にとっては遺跡の発掘こそ考古学の基礎をなす基本的な手段です。また、はじめて考古学を学ぶ若い学生や一般の人びとにとって「遺跡は教室」です。

日本考古学では、もうかなり長期間にわたって、発掘・発見ブームが続いています。そして、毎年厖大な数の発掘調査報告書が、主として開発のための事前発掘を担当する埋蔵文化財行政機関や地方自治体などによって刊行されています。そこには専門研究者でさえ完全には把握できないほどの情報や記録が満ちあふれています。しかし、その遺跡の発掘によってどんな学問的成果が得られたのか、その遺跡やそこから出た文化財が古い時代の歴史を知るためにいかなる意義をもつのかなどといった点を、莫大な記述・記録の中から読みとることははなはだ困難です。ましてや、考古学に関心をもつ一般の社会人にとっては、刊行部数が少なく、数があっても高価なその報告書を手にすることすら、ほとんど困難といってよい状況です。

いま日本考古学は過多ともいえる資料と情報量の中で、考古学とはどんな学問か、また遺跡の発掘から何を求め、何を明らかにすべきかといった「哲学」と「指針」が必要な時期にいたっていると認識します。

本企画は「遺跡には感動がある」をキーワードとして、発掘の原点から考古学の本質を問い続ける試みとして、日本考古学が存続する限り、永く継続すべき企画と決意しています。いまや、考古学にすべての人びとの感動を引きつけることが、日本考古学の存立基盤を固めるために、欠かせない努力目標の一つです。必ずや研究者のみならず、多くの市民の共感をいただけるものと信じて疑いません。

二〇〇四年一月

戸沢充則

著者紹介

氏家敏之（うじけ・としゆき）

1966年、香川県生まれ。

明治大学大学院文学研究科博士前期課程修了。

公益財団法人徳島県埋蔵文化財センター勤務。

主な著作　「矢野遺跡出土の土製仮面」『考古学ジャーナル』422号（ニューサイエンス社）、「四国地域の有茎尖頭器」『旧石器考古学』70号（旧石器文化談話会）、「瀬戸内地域の終末期ナイフ形石器」『旧石器時代の知恵と技術の考古学』雄山閣など

写真提供（所蔵）
徳島県立埋蔵文化財総合センター：図1・2・3・4・5・6・12・14・15・16・18（左）・19・20・21・32・35（下）・36・38・39・40・42・43・49（下）・53・55・56・57・63・64（下）・65・67・68／徳島県立鳥居龍蔵記念博物館：図13／東京国立博物館所蔵、TNM Image Archives：図51（右上）／徳島市教育委員会：図51（左上）／徳島県立博物館：図51（下）／徳島大学埋蔵文化財調査室：図61／徳島新聞社：図66

図版出典・参考（一部改変）
徳島市長の承認を得て、1/2500地形図を複製したもの（承認番号平29徳島市指令都政第811号）：図17・22・23・30・31・37・54／国土地理院5万分の1地形図「徳島」「川島」：図11／国土地理院2万5千分の1地形図「徳島」「石井」：図34・52

上記以外は著者

シリーズ「遺跡を学ぶ」125

徳島の土製仮面と巨大銅鐸のムラ　矢野《やの》遺跡

2018年 2月15日　第1版第1刷発行

著　者＝氏家敏之

発行者＝株式会社 新 泉 社

東京都文京区本郷2−5−12
TEL 03（3815）1662／FAX 03（3815）1422
印刷／三秀舎　製本／榎本製本

ISBN978−4−7877−1835−8　C1021

シリーズ「遺跡を学ぶ」

第2ステージ・第1期（通算5期）25冊完結（各1600円＋税）

101 北のつわものの都　平泉　八重樫忠郎
102 古代国家形成の舞台　飛鳥宮　鶴見泰寿
103 黄泉の国の光景　葉佐池古墳　栗田茂敏
104 島に生きた旧石器人　沖縄の洞穴遺跡と人骨化石　山崎真治
105 古市古墳群の解明へ　盾塚・鞍塚・珠金塚古墳　田中晋作
106 南相馬に躍動する古代の郡役所　泉官衙遺跡　藤木　海
107 琵琶湖に眠る縄文文化　粟津湖底遺跡　瀬口眞司
108 北近畿の弥生王墓　大風呂南墳墓　肥後弘幸
109 最後の前方後円墳　龍角寺浅間山古墳　白井久美子
110 諏訪湖底の狩人たち　曽根遺跡　三上徹也
111 日本海を望む「倭の国邑」　妻木晩田遺跡　濱田竜彦
112 平城京を飾った瓦　奈良山瓦窯群　石井清司
113 縄文のタイムカプセル　鳥浜貝塚　田中祐二
114 九州の銅鐸工房　安永田遺跡　藤瀬禎博
115 邪馬台国時代のクニの都　吉野ヶ里遺跡　七田忠昭
116 よみがえる金堂壁画　上淀廃寺　中原　斉
117 船形埴輪と古代の喪葬　宝塚一号墳　穂積裕昌
118 海に生きた弥生人　三浦半島の海蝕洞穴遺跡　中村　勉
119 東アジアに翔る上毛野の首長　綿貫観音山古墳　大塚初重・梅澤重昭
120 国宝土偶「仮面の女神」の復元　中ッ原遺跡　守矢昌文
121 古墳時代の南九州の雄　西都原古墳群　東　憲章
122 石鍋が語る中世　ホゲット石鍋製作遺跡　松尾秀昭
123 出雲王と四隅突出型墳丘墓　西谷墳墓群　渡辺貞幸
124 国宝「火焔型土器」の世界　笹山遺跡　石原正敏
125 徳島の土製仮面と巨大銅鐸のムラ　矢野遺跡　氏家敏之